Le salut ne vient pas d'Hitler

Jean-Paul Krémer

Le salut ne vient pas d'Hitler

Un mennonite déporté
à Natzweiler *et* Buchenwald

Calvin éditions

1re édition : 4e trimestre 2016

3e édition : 3e trimestre 2020

ISBN : 978-2-492099-01-4

EAN : 978-2-492099-01-4

Dépôt légal : 3e trimestre 2020

Auteur

Jean-Paul KRÉMER

Éditeur

Calvin Éditions

F - 30100 ALES

www.calvineditions.fr

Diffusion / Distribution

Calvin Diffusion

F - 30100 ALES

www.calvindiffusion.fr

Préface

Frédérique Neau-Dufour, historienne,
ancienne Directrice du Centre Européen
du Résistant-Déporté

Le témoignage de Jean-Paul Krémer est de ceux qui se lisent d'une traite. La concision du texte, la simplicité sans artifice de la langue, la crudité des faits évitent au lecteur la tentation de s'égarer. Ce récit est également une rareté, parce qu'il permet de découvrir comment certains membres d'une communauté méconnue, celle des mennonites, ont réagi face au nazisme. La dimension très particulière de la résistance décrite par Krémer constitue l'originalité de ce livre.

Il n'est pas simple de déterminer pourquoi tel individu s'est engagé ou non contre les nazis. La réponse, forcément approximative, nécessite souvent de longs développements, car s'y mêlent la sociologie, l'histoire, la psychologie et le hasard. En la matière, un facteur déterminant semble bien être la façon dont s'est construite l'identité de la personne. Non pas tant l'identité telle qu'elle est reportée sur les documents officiels (nom, prénom, âge, sexe, lieu de résidence), mais l'identité dans ce qu'elle a de spécifiquement vivant et humain. Pour chaque individu, elle s'élabore à partir des critères objectifs énoncés ci-dessus, mais elle se tisse d'autres dimensions moins visibles qui forment l'itinéraire personnel de chacun : ses origines familiales et géographiques, son métier, son positionnement politique, religieux ou philosophique, ou son rapport à la collectivité dessinent un paysage original, et unique.

Le récit de Jean-Paul Krémer est traversé de part en part par les différents traits de son identité, qui ne se contredisent pas, mais s'imbriquent à la façon d'une structure enchevillée pour le prédisposer au refus.

Le premier de ces traits ouvre le récit. Krémer commence son livre par un « nous », et non pas un « je ». Ce « nous » désigne les « Alsaciens-Lorrains » auxquels il consacre ses premières pages. Il évoque ses camarades alsaciens scolarisés comme lui sous le drapeau à Croix gammée et se souvient de leur esprit de rébellion. Il s'inclut de facto dans cette collectivité singulière où il place son identité d'origine. Dans la suite de son histoire, ses racines alsaciennes restent présentes, s'imposant parfois à lui de manière brutale. Ainsi, lorsqu'il est en camp de concentration, elles le mettent en situation périlleuse : assimilé par l'administration nazie à un Allemand, il est régulièrement malmené par des SS qui supportent mal qu'un de leurs compatriotes en âge de se battre ne soit pas engagé sur le front de l'Est. Son apparente germanité et son triangle rouge d'opposant politique lui valent cependant le soutien salvateur des déportés allemands, notamment les communistes à Buchenwald. Après la guerre, ses origines alsaciennes demeurent la source de douloureux porte-à-faux : un médecin français chargé par l'administration des anciens combattants de l'ausculter pour l'octroi d'une pension d'invalidité refuse de croire qu'il a été déporté. «Vous n'étiez pas en camp de concentration, vous étiez dans la Wehrmacht», lui assène-t-il, ignorant que c'est précisément par refus de l'embrigadement nazi que Krémer a été déporté.

Chaque individu hérite de ses parents une part de son identité. Dans le cas de Jean-Paul Krémer, le rôle du père est déterminant. C'est là le deuxième trait majeur de son architecture intérieure. Figure puissante et charismatique, Émile Krémer a élevé ses enfants dans la foi mennonite.

Il leur a transmis une fidélité intangible à ses valeurs, pas seulement en tant que prédicateur de son Église ou en tant que père soucieux d'instruire ses descendants. Il a mis en pratique sa parole et a montré l'exemple. En tant qu'Inspecteur des Eaux et Forêts, il refusa après l'annexion de l'Alsace de servir sous les nazis et veilla à ne jamais faire le salut hitlérien. Il se retira de sa profession pour se consacrer à ses responsabilités religieuses. Une fois pris dans l'engrenage scolaire nazi, il est frappant de constater que Jean-Paul agit en tout point comme lui. Sans que son père lui dise quelle attitude adopter, il refuse de faire en classe le salut règlementaire et d'entrer dans la *Hitlerjugend*, ce qui entraîne son renvoi de l'école et le début de son calvaire. S'il agit ainsi, c'est tout simplement parce que son éducation l'y a préparé et que l'exemple de son père l'a affermi. Le fait que le père et le fils soient arrêtés presqu'en même temps témoigne de la similitude de leur attitude, et de la similitude de la réponse apportée par les nazis, même si Émile échappe à la déportation.

La troisième strate de l'identité de Jean-Paul Krémer est la plus profonde, celle qui irrigue toute sa personne. Il s'agit de sa foi. Il a grandi au sein de la communauté mennonite, minoritaire chez les protestants, et sensibilisée par son histoire au thème de la persécution. Les mennonites partagent avec bon nombre d'évangéliques un attachement particulier au peuple juif, peuple du livre, dont le destin est intrinsèquement lié au devenir eschatologique du monde.

Les origines alsaciennes, l'influence d'un père et la foi mennonite sont trois facettes fortement constitutives de l'identité du jeune Jean-Paul Krémer. Mais elles n'induisent pas en elles-mêmes la suite de l'histoire. Tous les mennonites n'ont pas résisté, ni tous les Alsaciens obligés d'intégrer les organisations ou l'armée nazies. Tous les fils dont le père était hostile à Hitler ne se sont pas senti la vocation de s'opposer au IIIe Reich. En réalité, l'entrée en opposition est le résultat d'un subtil alliage entre les caractéristiques constitutives de l'identité et une singularité individuelle qui ne peut se réduire à des explications exogènes. Jean-Paul Krémer, de façon humble et simple, donne à voir de façon claire ce mécanisme intime.

Chez lui, la résistance est d'abord un refus. Non pas un refus instinctif, automatique, viscéral, mais un refus conditionné à un critère : la foi. Ni l'annexion de l'Alsace, ni l'imposition de la loi raciale et politique du IIIe Reich, ni l'obligation de suivre les cours dans une école nazifiée ne suffisent à le pousser du côté de la rébellion. Elles renforcent en lui la conviction partagée dans sa famille que le nazisme est une monstruosité, mais il faut une agression supplémentaire pour qu'il affiche ses convictions. Cette agression est symbolique : à l'école, il est exigé de lui qu'il salue Hitler, geste rigoureusement impossible pour un croyant comme lui. Il a donné sa vie à Dieu et considère qu'il ne peut la donner à nul autre. Ce refus initial entraîne de façon mécanique un cycle répressif qui se fait de plus en plus violent au fur et à mesure que le jeune homme réitère son opposition. Mais ni les coups, ni la menace d'être fusillé, ni la violence concentrationnaire ne le font vaciller.

Déporté au camp de concentration de Natzweiler en décembre 1942, transféré à Buchenwald en avril 1943, Krémer subit de plein fouet la violence inique du système concentrationnaire nazi. Cette épreuve redoutable, loin de l'anéantir, le renforce. Peu à peu, son refus devient une résistance. La foi de Krémer, là encore, joue un rôle primordial. Elle le protège contre la déshumanisation organisée par le système concentrationnaire. En dépit des privations, des dégradations physiques, de l'esclavage, des mises à mort auxquelles il assiste, Krémer parvient à rester lui-même. Les déportés, écrit-il, deviennent peu à peu des « automates », des « marionnettes », des « morts-vivants », toutes qualifications qui désignent des êtres privés d'âme. Cependant son humanité à lui demeure inviolable, car elle réside en son esprit. Cette force intrinsèque le pousse à accomplir pour la première fois un acte de résistance à dimension collective. Le camp de concentration n'est pourtant pas propice à ce genre d'attitude. La surveillance et la délation y règnent, la répression y revêt un caractère disproportionné et souvent fatal, les prisonniers sont dans un tel état d'épuisement qu'il leur est difficile d'organiser quelque action que ce soit. C'est pourtant à Buchenwald, depuis l'atelier de cordonnerie où il a été affecté, que Krémer monte un système de détournement de chaussures qui lui permet d'équiper les déportés qui en sont dépourvus.

La résistance de Krémer est moins motivée par la lutte contre une idéologie destructrice – dont il ne dit pas grand-chose au demeurant – que par la défense de principes fondamentaux qui se situent dans l'ordre de la transcendance. C'est en quelque sorte une résistance « hors du monde », où le facteur spirituel domine les autres. Comme l'explique Stéphane Zehr, Krémer peut accepter

« la soumission aux autorités politiques dans la mesure où elles ne contredisent pas l'obéissance à Dieu et à la conscience ». En revanche, dès que cette limite est franchie, Krémer s'inscrit dans le refus. Sa loyauté est si parfaite qu'il n'accepte pas de donner le change et de dissimuler sa foi sous un voile trompeur : avant son arrestation, il ne quitte pas l'Alsace comme le lui suggère son père pour échapper à la répression. Et une fois déporté, il n'accepte pas d'inventer une quelconque histoire pour calmer les SS exaspérés par sa foi : « Je dirai toujours la vérité » est sa seule ligne de conduite.

S'il est une leçon à retenir du récit de Krémer, c'est qu'il a accompli la prouesse de rester la même personne dans le temps qui passe et dans les épreuves qui s'abattent sur lui. Tous les chavirements auxquels il a dû faire face entre 1940 et 1945, toutes les brutalités qui lui ont été assénées, toutes les horreurs innommables qu'il parvient pourtant à nommer dans son récit, n'ont pas eu raison de ce qu'il était. Son identité, construite sur une architecture solide, a tenu bon. Sa composante la plus intime, sa foi en Dieu, a démontré sa résistance. Le « primat du spirituel » a sauvé le jeune homme de l'échouage où les nazis ont poussé tant de déportés qui n'avaient pas d'horizon vers lequel regarder, ou qui étaient plus âgés, ou plus fragiles, ou moins construits, ou moins chanceux. « Nous sommes des revenants sortis de la grande nuit des temps », dit Krémer à la fin de son récit. En ce qui le concerne, la formule est belle, mais inexacte. Krémer n'est jamais sorti du temps présent, il n'est jamais mort à ce monde, car même au plus profond des ténèbres il avait gardé la pleine conscience de lui et de Dieu.

Présentation de la première édition

Voici donc la question qui nous est posée à tous : obéirons-nous à Dieu ou à l'homme ?

Kressmann Taylor,
Jour sans retour

Histoire d'un témoignage

Avant même que nous le rencontrions, Jean-Paul Krémer faisait partie de notre mémoire communautaire. Nos parents avaient fréquenté les mêmes assemblées religieuses et entendu son témoignage ; alors parfois, à la faveur des discussions sur le passé, ils parlaient de lui. Nous savions que, jeune mennonite, il avait été déporté à Buchenwald pour avoir refusé le salut nazi, mais un mystère demeurait car il parlait peu, sinon pas, de son temps là-bas. Puis les relations s'étaient distendues : le miraculé des camps était aussi un homme à la spiritualité intransigeante – une figure respectable mais enfermée dans ses principes.

Lorsque nous avons commencé à travailler sur l'histoire de notre Église et à collecter des documents, il devint évident de l'interroger. Nous nous sommes proposés, Jérémie Loiret et moi-même, de le visiter dans son pavillon d'Olivet. En voiture, nous avons discuté de Claude Lanzmann, de *Shoah*, de sa manière d'interroger et de filmer – et nous avons décidé que nous le laisserions parler ; qu'il dise ce qu'il avait à dire et l'on verrait. Mais dans les moments de silence, le sentiment d'un décalage s'installait, avec la crainte que le plus important nous échappe. L'art de Claude Lanzmann avait été de susciter et de capter des moments d'incarnation ; l'indicible surgissait à travers les rescapés auxquels il faisait revivre le passé. Sans aucune image d'archive, il parvenait à rendre présent l'essentiel, jouant parfois le rôle d'un procureur, posant des questions dérangeantes et brusques, mais nécessaires pour que leur vécu rejaillisse dans sa vérité. Il était évident que ce talent nous manquerait.

Ce sentiment de décalage se précisa lorsque nous fûmes entrés. Son accueil fut amical ; il nous installa dans le fourbi de son bureau et enchaîna rapidement. C'est là que je compris que le film de Lanzmann avait créé des attentes et que ces attentes seraient déjouées. La tragédie de Jean-Paul Krémer, si éloignée dans le temps, si étrangère à notre propre existence, manquait de consistance dans cette petite maison anodine, sans fleurs, sans famille, sans vie. Il devait avoir relu des notes prises au préalable, car son débit et son récit étaient structurés ; sa voix, impersonnelle, nous ramenait à des faits, rien que des faits, interrompus parfois d'un rire difficile à interpréter. Rien, ou très peu, de son intériorité, ni de sa foi, qui avait dû être mise à rude épreuve. Le décalage entre une expérience de mort si extrême, si individuelle, et l'insuffisance du langage commun à en rendre compte inscrivait son témoignage dans une mécanique du témoignage, empêchant son véritable déploiement ; nous apprenions ce qu'il avait vécu, non comment il l'avait vécu. De lui-même, il ne restait que des faits.

Or l'essentiel du drame était là : dans le rapport désincarné qui le reliait à sa propre histoire et dans notre impuissance à la ressusciter. Se transmettait alors à l'auditeur une forme de détresse ; le témoignage devait être maintenu au risque de « l'innommable », malgré l'apparente défaite des mots, rendant plus fort encore le désir de sauver ce qui pouvait l'être.

L'ère du témoin

À la fin de notre entretien, Jean-Paul Krémer nous montra le manuscrit de son témoignage de déportation. Si l'on excepte un texte bref, *La protection de Dieu, Expériences derrières les barbelés*[1], et un autre plus court encore dans le troisième volume collectif sur le camp de Natzweiler-Struthof[2], ce document est un inédit. Impressionnés, nous lui avons demandé si quelque chose avait déjà paru. Comme il nous répondit que non, nous lui dîmes qu'il fallait absolument le faire. C'est là qu'il nous confia son texte. Sans doute se savait-il condamné. Deux mois plus tard, il mourait, le 27 février 2016, à 91 ans.

Le manuscrit se présente sous la forme d'un bloc de papier à lettres de cinquante feuillets, acheté en supermarché, et saturé d'une écriture minuscule. La date imprimée sur le bloc – le 14/09/01 – indique une rédaction tardive et

---

[1] Jean-Paul Krémer, *La protection de Dieu, Expériences derrières les barbelés (Témoignage transcrit d'une réunion donnée à Châteauroux en septembre 1985)*, Tours, L'Évangile pour Tous, date inconnue.

[2] Collectif, *Le camp de concentration du Struthof,* t.III, «Témoignages», Schirmeck, Essor, coll. «Documents», 1998, p. 27.

l'inscrit dans cette « ère du témoin » qu'a si bien décrite Annette Wieviorka[3].

En effet, les années d'après-guerre avaient été le temps d'une « première mémoire » à l'audience limitée ; pour de nombreux ex-détenus, la difficulté de ne pas être crus ou reçus avait représenté une souffrance supplémentaire au vécu concentrationnaire, ce que Krémer relate avec assez d'amertume. À partir du Procès Eichmann, en 1961, les choses évoluent car le témoignage des victimes y joue un rôle juridique fondamental. La médiatisation, accompagnée d'un renouveau d'intérêt, leur donne à la fois une autorité nouvelle et le « sentiment d'être réellement entendu ». Les décennies 1980-1990 constituent alors l'aboutissement de « l'avènement du témoin ». La libération de la parole produit une marée de récits personnels dans le même temps où la collecte de données vidéo permise par les nouvelles technologies se fait de plus en plus systématique. Dès lors, le témoignage du rescapé devient un impératif étroitement lié au « devoir de mémoire » : « Le témoignage a donc changé. Ce n'est plus la nécessité interne seule, même si elle existe

[3] Annette Wieviorka, *L'ère du témoin*, Paris, Hachette « Pluriel », 2013.

toujours, qui pousse le survivant de la déportation à raconter son histoire devant la caméra, c'est un véritable impératif social qui fait du témoin un prophète et un apôtre ».[4]

C'est dans ce contexte que Jean-Paul Krémer rédige ses mémoires de déportation, ce qui induit de nécessaires limites. À plus de cinquante ans de distance, le témoin sait rarement distinguer ce qui lui est arrivé de ce qu'il a lu, imaginé et entendu depuis, ainsi que l'a noté Hannah Arendt lors du Procès Eichmann[5]. De plus, le récit autobiographique n'est jamais « un morceau de vie brute ». Il puise dans un réservoir de concepts et d'expressions disponibles qui contribuent à le standardiser ; il s'ajoute aux autres récits, « tous répétitifs, et chaque fois différents[6] », aux qualités littéraires inégales. Pourtant, même tardif, son récit est précis, écrit avec un souci de vérité, et sans fioritures – presque documentaire.

---

4 *Ibid.*, p. 171.

5 Hannah Arendt, *Eichmann à Jérusalem*, Paris, Gallimard « Folio histoire », 1991. Voir aussi Renaud Dulong, *Le témoin oculaire, Les conditions sociales de l'attestation personnelle*, Paris, EHESS, 1998.

6 Robert Steegman, *Le camp de Natzweiler-Struthof*, Paris, Seuil, « L'Univers historique », 2009, p. 233.

Sa justification d'écrire à son tour s'inscrit dans cet élan où l'individuel, le régional et le collectif se rejoignent : « Pourquoi écrire ? Pour que l'on sache et que les générations futures se rendent compte de ce qu'était le nazisme. Et surtout ce que cela signifiait en Alsace et en Lorraine d'être dans les griffes nazies ». Il ajoute en 2007 : « Il y a en effet un devoir primordial de se souvenir des crimes inqualifiables des nazis, alors que de plus en plus de voix s'élèvent pour les contester. » Le « devoir de mémoire » rejoint la lutte contre le négationnisme[7], la peur d'être dépossédé de la réalité historique de son calvaire rejoint le reproche sur l'étendue de l'ignorance qui subsiste ; beaucoup de Français ne savent toujours pas, par exemple, qu'un camp de concentration avait été ouvert en 1941 sur le territoire national, en Alsace, celui de Natzweiler-Struthof.

Un document exceptionnel de l'Église déportée

Plus profondément, le caractère exceptionnel du document tient à la condition de Jean-Paul

[7] En France, le courant « révisionniste » a été porté principalement par Paul Rassinier (ancien déporté à Buchenwald) et Robert Faurisson (historien).

Krémer, «persécuté pour motifs religieux» (selon la terminologie du procès de Nuremberg), et dont le fichage de la SS précise qu'il est «protestant[8]». L'ordre de détention (*Schutzhaftbefehl*) indique qu'il refuse de prêter serment au Führer «en raison de son fanatisme religieux»[9]. Son témoignage prend alors une dimension proprement chrétienne, dans laquelle le témoin n'est plus seulement un témoin de l'Histoire, mais un témoin de Christ dans la plus grande tragédie de l'humanité.

Cette fidélité est d'autant plus significative qu'au sein du protestantisme de langue allemande, une majorité soutint le régime hitlérien, et les résistances qui se mirent en place ne sauraient occulter ce fait. La plus connue fut celle de «l'Église confessante», réunissant à partir de la Déclaration de Barmen (1934) les protestants qui refusaient le contrôle idéologique et politique de l'Église. Parmi ses martyrs se trouvent Dietrich Bonhoeffer,

---

[8] Formulaire individuel de détenu du camp de concentration de Buchenwald (1.1.5.3/6377757 ITS, Bad Arolsen).

[9] «...dass er aus seiner fanatischen religiösen Einstellung heraus es ablehnt, den Eid auf den Führer zu leisten und im Arbeitsdienst sowohl in der Wehrmacht zu dienen...» Archives des victimes des conflits contemporains du Service Historique de la Défense, GR 16P/323541 (Caen).

exécuté en avril 1945 au camp de Flossenbürg, ou le pasteur Paul Schneider, supplicié à Buchenwald en 1939.

À l'échelle européenne, il est difficile d'avoir une idée précise du nombre de protestants déportés, car la question des sources et des statistiques demeure non résolue[10]. Eugen Kogon estime entre 4 000 et 5 000 le nombre de pasteurs et de prêtres catholiques « jetés dans les camps »[11]. Ces chiffres lacunaires ne nous disent rien de la masse des laïques ou de la forte proportion de femmes ; ils ne permettent pas non plus de déterminer quelle part a eu la foi dans leur résistance. Mais ils montrent qu'une minorité de protestants connut l'horreur des camps ; beaucoup n'y ont pas survécu, et les rescapés sont revenus détruits pour la plupart ; quelques-uns, affaiblis à l'extrême, moururent rapidement après ou finirent par se suicider. À l'inverse, mais c'est plus

[10] Aimé Bonifas, « Les déportés » dans *Les protestants français pendant la seconde guerre mondiale, Actes du colloque de Paris, 19-21 novembre 1992*, réunis par André Encrevé et Jacques Poujol, Supplément au Bulletin de la Société de l'Histoire du Protestantisme Français, 1994/3, Genève, Droz, p. 575-593.

[11] Eugen Kogon, *L'État SS. Le système des camps de concentration allemands*, Paris, Seuil, « Points histoire », 1947, p. 40.

rare, un protestant d'éducation (« sans plus ! »[12]) comme Didier Hecht, déporté à Dachau, vivra là-bas une expérience de conversion. Ainsi la foi tient une place importante dans le récit de ces survivants ; ils disent le soutien qu'elle a représenté, la difficulté de vivre une piété dans un lieu où la moindre de ses expression, rigoureusement interdite, pouvait être synonyme de mort. On y voit aussi l'enjeu immense que représente la lecture d'une Bible, nourriture première traquée par les SS. À Natzweiler, par exemple, un SS qui savait que Jean-Paul Krémer était chrétien, laisse intentionnellement traîner une Bible pour le surprendre en train de la lire. À Ravensbrück, une jeune protestante se voit dépossédée de sa Bible :

> Première grande souffrance, arrachement plus cruel que la nudité physique, où nous nous trouvions à ce moment-là. Mais Dieu n'a pas voulu que nous fussions privées de cette nourriture plus vitale que le pain, et quelques jours après mon arrivée au camp j'avais déjà retrouvé le Livre. Une camarade protestante plus avertie que moi, avait pu en faire pénétrer deux en fraude dans le camp. Toutes celles, alors, qui le désiraient, connaissaient la cachette où notre Bible se trouvait et venaient l'emprunter à leurs heures perdues... Tous les dimanches, une femme – une femme de pasteur – dont on ne pourra jamais assez dire quelle influence

[12] Aimé Bonifas, « Les déportés », art. cit., p. 589.

> merveilleuse elle exerça sur ses compagnes, nous réunissait et nous lisait de longs passages des Saintes Écritures.[13]

Ces moments de communion sont rares car les protestants ne représentent pas un collectif persécuté de façon systématique, en mesure de s'organiser et de pratiquer une solidarité confessionnelle. Leurs trajectoires sont souvent solitaires et, plutôt qu'une Église déportée, ils forment des lambeaux d'Église dont la foi est presque sans support. La faiblesse physique rend difficile la mémoire des Textes et des cantiques, l'esprit est trop abruti pour prier et l'isolement présente des dangers de toutes sortes. Plusieurs témoignent, comme Aimé Bonifas, qu'ils furent alors miraculeusement soutenus par l'assurance, particulièrement intense, de la présence de Dieu :

> J'ai éprouvé la présence réelle du Christ et la puissance de la foi, dans des situations désespérées. Dans ce dépouillement, une autre force nous a été donnée, le pouvoir de croire que Sa grâce est suffisante.[14]

L'expérience de Jean-Paul Krémer est similaire :

> Bien sûr, je ne souhaite à personne de devoir passer par de telles expériences. Et pourtant, dans un sens, je

[13] *Ibid.*, p. 586.

[14] Aimé Bonifas, *Détenu 20 801 dans les bagnes nazis*, Nîmes, FNDIRP-AFMD30, p. 167.

ne les regrette pas, parce que j'ai expérimenté la réalité de Jésus-Christ d'une manière tout à fait tangible.[15]

Les mennonites sous Hitler

L'administration SS ne précise pas que Jean-Paul Krémer était un protestant d'un type particulier, l'un des rares mennonites qu'elle jetait dans l'univers concentrationnaire.

Cette minorité protestante, issue des Réformes radicales du XVIe siècle, avait dès son origine cherché à séparer l'Église et l'État, ce qui passait par le refus des armes, du serment, et par le baptême des seuls adultes : on n'entrait plus dans l'Église par naissance, mais par une profession de foi personnelle. De telles convictions impliquaient un rejet des sociétés chrétiennes et, immanquablement, des vagues de persécutions terribles s'ensuivirent. Elles conduisirent les mennonites de la Suisse vers l'Alsace, les Vosges, le Pays de Montbéliard, le Territoire de Belfort, le Sud de l'Allemagne actuelle et jusqu'en Bohème-Moravie. Les mennonites originaires des Pays-Bas s'installèrent dans le nord de l'Allemagne ; puis une partie d'entre eux mi-

[15] Jean-Paul Krémer, *La protection de Dieu, Expériences derrières les barbelés, op. cit.*

gra vers la Russie impériale (Ukraine, Sibérie). Cette diaspora mondiale, peu connue, fut le creuset d'une identité religieuse marginale et souffrante (leur martyrologe est impressionnant), souvent constituée de communautés ou de colonies se tenant à distance du reste du monde.

Alors que cette tradition aurait pu les disposer à la résistance, les Églises mennonites allemandes furent rapidement « unies derrière Hitler sans reconnaître l'énergie criminelle qui le motivait[16] », pour différentes raisons. D'abord, elles avaient été traumatisées par la destruction des colonies mennonites en Russie soviétique. Après la Révolution de 1917, près de trente mille réfugiés mennonites revinrent vers l'Allemagne en attendant d'émigrer vers le Canada ou l'Amérique du Sud. Le récit des atrocités commises leur inspira un anti-communisme virulent ; seul Hitler leur apparaissait comme un rempart efficace contre la menace rouge. Ensuite, la politique du « sang et de la terre » trouva un large écho chez ces paysans victimes de la crise économique ; ils s'associèrent donc à l'espoir d'un

---

[16] Collectif, *Foi et tradition à l'épreuve*, *Histoire générale des mennonites dans le monde*, vol. « Europe », Charols, Excelsis, « Perspectives anabaptistes », 2012, p. 137-144.

renouveau de la nation allemande et s'approprièrent ses idéaux.

Les mennonites d'Alsace et de Moselle prirent une orientation différente. D'abord mobilisés côté français jusqu'à la défaite, les hommes en âge de combattre furent contraints de s'enrôler dans la Wehrmacht à partir de 1942, suivant en cela le mouvement des « malgré-nous ». Leur attitude fut faite de soumission aux autorités et de prudence, rarement d'une adhésion idéologique, parfois de résistance. La déportation de Krémer représente donc une relative exception parmi les mennonites.

Le « milieu Krémer » : un piétisme de résistance spirituelle

La résistance de Jean-Paul Krémer s'inscrit dans une continuité familiale. Né à Colmar le 26 novembre 1924, il est le fils aîné d'Émile Krémer (1895-1990), Garde général et Adjoint de l'Inspecteur des Eaux et Forêts. Émile Krémer s'était converti suite à une réunion de l'Armée du Salut et était devenu par la suite Prédicateur des Églises mennonites (1924), puis Ancien des assemblées de Sarrebourg et Colmar en 1927. Personnage autoritaire et charismatique, son message fut à l'origine d'un Réveil qui divisa les mennonites.

Sa prise de conscience du danger nazi fut précoce et doit être soulignée. Très au fait de la situation politique allemande grâce à sa profession et à ses contacts allemands, il reçut, dès 1925, la conviction que Hitler détruirait les Juifs s'il parvenait au pouvoir. Les paroles du prophète Jérémie, en particulier, résonnèrent pour lui comme un avertissement : « J'enverrai une multitude de chasseurs, et ils les chasseront de toutes les montagnes et de toutes les collines, et des fentes des rochers » (Jérémie 16.16). Pour bon nombre d'évangéliques, en effet, le peuple d'Israël représentait « l'horloge des nations » et son destin était intrinsèquement lié au devenir eschatologique du monde. Dans cette perspective, l'antisémitisme nazi était un critère de discernement et un signal d'alarme : il était impossible, pour un chrétien, de s'associer à un mouvement qui, d'une manière ou d'une autre, s'en prenait au peuple de Dieu.

Ses craintes finirent par être confirmées. Le 30 janvier 1933, Adolphe Hitler devint Chancelier du Reich. Émile Krémer raconte dans ses mémoires[17] que deux *Gauleiter* qui assistèrent à la première séance avec le Führer démissionnèrent

[17] Émile Krémer, *Tout est possible à Dieu*, Tours, Évangile pour Tous, date inconnue.

lorsqu'ils apprirent qu'Hitler projetait effectivement de persécuter les Juifs et de remplacer la Bible par *Mein Kampf* dans toutes les Églises. Ils écrivirent une lettre confidentielle qui circula dans les milieux piétistes de Suisse et de Bade. Krémer en eût connaissance et résolut d'« annoncer la Parole de Dieu en Alsace, en Lorraine et en Bade, en vue d'exhorter, dans les réunions, les gens à être des témoins vivants de Jésus et de la victoire de la Croix contre toutes les puissances des ténèbres et à ne pas suivre le mouvement politique de Hitler, en particulier contre les Juifs »[18]. Il est fascinant de voir qu'un prédicateur mennonite, controversé au sein de son propre milieu, y a vu plus clair que bien d'autres, y compris les théologiens libéraux allemands de la haute société.

Émile Krémer entraîna dans son anti-hitlérisme militant une partie de l'assemblée mennonite de Sarrebourg[19]. Suite à des provocations de certains membres (la tradition orale veut qu'un drapeau à croix gammée ait été brûlé) et à une dénoncia-

---

[18] *Ibid.*, p. 23.

[19] Pour un récit détaillé de la résistance du milieu Krémer, voir Stéphane Zehr et Jean-Martin Wehrey, « Krémer contre Hitler. Une résistance mennonite en Alsace-Lorraine (1925-1945) », *Souvenance anabaptiste*, 2018/37, p. 8-27 (reproduit à la fin de ce volume).

tion, plusieurs furent inquiétés, d'autres emprisonnés ou déplacés en camp de « rééducation ». Lui-même est arrêté par la Gestapo, le 1er novembre 1942, puis emprisonné à Colmar, Sarrebourg, Sarreguemines et Metz, où il restera du 18 février au 16 décembre 1943. Son procès public eût lieu le 15 octobre 1943. En raison de son témoignage excentrique aux yeux des autorités et de l'aide d'un ami médecin, il fut acquitté et conduit à l'Asile psychiatrique de Lorquin – ce qui le fit échapper à la déportation.[20]

Son fils Jean-Paul n'eut pas cette chance.[21] Lycéen, il est arrêté le 1er septembre 1942 à Vieux-Brisach pour refus d'incorporation dans la Wehrmacht. Interné à Vieux-Brisach jusqu'au 30 septembre, il est ensuite détenu au siège de la Gestapo de Fribourg, où il est régulièrement interrogé et torturé jusqu'au 2 novembre 1942. Après plusieurs jours de voyage où l'on tente de le faire périr, il est déporté dans les camps de Natzweiler-Struthof (matricule 1670), où il arrive le 2 décembre 1942. Le 8 mars 1943, il est

[20] AD57 (Metz) 335 W 88 KLS 151/43 : procédure devant le *Sondergericht* de Metz contre Krémer, Frommer et autres (propagande anti-militariste) (1942-1943).

[21] Dossier conservé au Pôle des archives des victimes des conflits contemporains du Service Historique de la Défense, à Caen.

sur les listes de transfert vers Buchenwald (matricule 10 564), où il restera jusqu'à la Libération par les forces américaines, le 11 avril 1945.

Suivant l'exemple de son père, il avait, à dix-sept ans, refusé de faire le salut hitlérien, de s'engager dans la Wehrmacht, de prêter serment au *Führer*. Aucun compromis n'était possible. Le salut ne venait pas de Hitler, il venait de Dieu seul. On ne pouvait appartenir à un Führer lorsqu'on appartenait déjà à Jésus-Christ. Ainsi sa foi fut la cause de son martyre et sa protection dans l'enfer nazi, jusqu'au miracle de la délivrance. Il rejoint les destinées, solitaires et dispersées, des chrétiens qui ont payé le prix fort de leurs convictions par la déportation. Les siennes furent inébranlables. Cela méritait d'être connu.

Stéphane Zehr, Anduze, le 9 mai 2016

Chapitre 1

Le nazisme en Alsace

Beaucoup de personnes ne se rendent pas compte de ce que nous avons subi en Alsace-Lorraine dès l'arrivée des nazis. Elles n'ont par exemple aucune connaissance de ceux qui dès novembre 1940 ont été expulsés ; des familles entières ont dû quitter l'Alsace ou la Lorraine du jour au lendemain avec juste cinq marks en poche. Des jeunes ont été fusillés. Plus de cent familles de Colmar (600 personnes) ont dû s'exiler. Plus d'un tiers de la population de Colmar en a été directement ou indirectement victime.

Par exemple, les Allemands eux-mêmes en ont fait le décompte public dans les journaux, qu'il y avait eu, en 1944, 112 condamnations à mort (par le *Sondergericht*[1]). En 1943, il y en avait déjà eu au moins 67. Voici en outre quelques chiffres :

[1] Les *Sondergerichte* sont des « tribunaux d'exception » créés en 1933. Les nazis s'en servent pour s'attaquer aux opposant politiques et autres « ennemis du Reich ».

- 312 déportés arrêtés du Bas-Rhin,
- 997 déportés arrêtés du Haut-Rhin,
- 2 000 internés du Bas-Rhin,
- 10 000 internés du Haut-Rhin,

soit environ 19 000 victimes alsaciennes (1,3% de la population).

À part ceux qui ont été emprisonnés, ceux qui ont été fusillés en Alsace pour faits de résistance au nazisme et refus de servir dans la Wehrmacht, ou ceux qui ont réussi à passer la frontière en Suisse ou en France, il y a tous les autres jeunes d'Alsace-Lorraine, qui n'ont pu faire autrement, et qui, contre leur gré, ont été obligés d'aller dans le *RAD*[2]. Certains ont même été obligés d'intégrer la Waffen SS, mais ils n'étaient pas alors les SS avec têtes de mort sur leurs casquettes et revers d'uniforme. Lorsqu'un jeune réussissait à passer la frontière (à grands risques) pour ne pas aller dans la Wehrmacht, c'étaient ses parents qui étaient arrêtés et emprisonnés, ou « transplantés » dans l'est de l'Allemagne.

300 000 Alsaciens et Mosellans ont été incorpo-

[2] *RAD* : le *Reichsarbeitsdienst* était une organisation du régime nazi ; elle oblige à partir de juin 1935 chaque jeune homme et chaque jeune fille à un service de travail de six mois, qui précède le service militaire.

rés de force (ils ont été nommés par la suite « malgré-nous »).

45 000 y ont laissé leur vie (dont 10 500 ont disparu, pour la plupart en Union Soviétique).

30 000 ont été blessés (dont 10 000 gravement mutilés).

Note : Le total de tous les morts alsaciens (les malgré-nous, soldats français, population civile) donne un chiffre quatre fois plus élevé que les pertes humaines non juives subies par la France durant la Seconde Guerre mondiale. Quant aux déportés juifs, à partir de la France, rappelons qu'ils étaient au nombre de 76 000.

Dès l'Occupation allemande, il y eut défense absolue de parler le français, de porter un béret basque (qui aux yeux des nazis était un couvre-chef français). Les livres français devaient être détruits, brûlés ; et même certains livres de certains auteurs allemands étaient proscrits ! Et bien sûr, les livres de Hansi[3]. Le nom des villes et des villages devaient tous avoir le nom allemand (par exemple Colmar = Kolmar ; Sélestat = Schlettstadt). De même, les

[3] Hansi est le pseudonyme de l'artiste et illustrateur alsacien Jean-Jacques Waltz (1873-1951), connu pour ses scènes naïves et ses dessins satiriques anti-allemands.

noms des rues portant des noms français ou même de personnages français devaient être changés. Par exemple, nous habitions dans la rue Voltaire – les Allemands l'ont changée en Lersestraße (un quelconque poète allemand). Les artères principales d'une ville ou d'un village devaient être appelées «Adolf-Hitler-Straße». À Mulhouse, la municipalité a ainsi changé la «rue du sauvage» en «Adolf-Hitler-Straße»! Les Mulhousiens ont dit: «Ah! Maintenant nous savons qui est le sauvage!» De même les prénoms ainsi que les noms de famille français devaient être changés. Moi-même je n'étais plus Jean-Paul mais Johann-Paul. Mon frère Étienne est devenu Stephan.

Nos voisins à Colmar, dont le nom était Piquet, ont été obligés de le changer en «Pfahl». La statue du général Rapp, un Colmarien, général sous Napoléon, a été abattue. Pourtant, elle était restée en place durant l'occupation allemande de 1870 à 1918! – La fontaine, ou grand bassin en grès rouge des Vosges, avec en son milieu la statue de l'Amiral Bruat a été complètement détruite, car elle était l'œuvre de Bartholdi, un Colmarien. Pour les Allemands, cette fontaine avait été l'œuvre de celui qui avait sculpté la statue de la Liberté à New York. Les jardins du Champ de Mars ont été complètement transformés car, vus du ciel, les arbustes et allées représentaient la Croix de la Légion d'honneur. Le but était d'ôter tout ce qui avait trait à la France, qui rappelait la France et son souvenir, de germaniser l'Alsace et la Lorraine, voire surtout de « nazifier » le pays et les habitants ![4]

Sentiments anti-Allemands au lycée

En novembre 1940, des élèves des classes supérieures ont descendu et lacéré, une nuit, le drapeau hitlérien accroché au mât dans la cour. Ils l'avaient même remplacé par une pancarte avec l'inscription : «Vous avez vu ce drapeau pour la dernière fois. Le mât peut encore servir pour pendre Hitler. Vive la France ! »

[4] Après la défaite de la France en 1940, les nazis annexent la Moselle, le Bas-Rhin et le Haut-Rhin. Ils veulent davantage qu'une intégration économique et administrative de ces départements au Reich. Ils entreprennent ce qu'on appelle leur « germanisation » et leur « nazification », qui passent par de nombreuses mesures, allant de l'interdiction de parler français (juillet 1940) à l'épuration des bibliothèques (livres français, juifs, marxistes, etc.), ou l'exclusion des « non-germanisables » ; ces territoires sont déclarés « judenrein », sans Juifs. Dans leur majorité, les Alsaciens y seront réticents et le manifesteront, entre autres, par de petits actes quotidiens de résistance.

Ils étaient entrés par un vasistas des WC qui donnait vers l'extérieur, sur la rue, derrière. Ce vasistas avait été intentionnellement laissé non verrouillé ; il n'y avait qu'à le pousser de l'extérieur pour l'ouvrir. Ainsi, ils avaient facilement accédé au mât et au drapeau.

Quelques jours plus tard, ils se sont à nouveau introduits de la même manière pour clouer un drapeau tricolore sur la porte du bureau du Directeur ; ils inscrivirent sur les portes des classes «Vive la France ! » Malheureusement, un élève qui avait eu vent du projet avait averti le directeur (M. Schlageter), qui en avait informé la Gestapo. Deux d'entre eux ont été arrêtés dans l'établissement, et sévèrement battus. Les deux autres qui faisaient le guet dehors, au pied des vasistas (et peut-être depuis le parc qui donne sur la cour), ont pu enfourcher leurs bicyclettes et sont rentrés chez eux. Mais, surveillés et suivis, ils ont été interpellés et arrêtés chez eux. Ainsi quatre ont été emprisonnés à Colmar. Un groupe, une dizaine qui attendait près du Champ de Mars, s'est aussi éparpillé. Ils étaient recherchés, mais n'ont pas été trouvés, à part quelques-uns.

Ceux qui avaient été emprisonnés dans des conditions peu enviables (froid, manque de nourriture, etc.), ont été finalement libérés mi-décembre après de longs interrogatoires et de mauvais traitements, excepté deux (lesquels ? je ne sais pas). L'un des quatre était Jean-Paul Hilfiger, de la classe terminale (8e), né le 11 décembre 1922 à Colmar. Par la suite il a pu passer la frontière et se rendre en France libre. Je crois savoir qu'il a trouvé refuge à Clermont-Ferrand, et était à l'Université (l'Université de Strasbourg y avait été déplacée en 1939). En tout cas, c'est là qu'il a été arrêté avec d'autres étudiants, au printemps 1943, emprisonné, et ensuite envoyé à Compiègne. De là, il a fait partie du transport (933 hommes), le 28 octobre 1943. Arrivé le 30 octobre à Buchenwald, il y reçut le numéro de matricule 31 297. Je ne l'ai pas rencontré au camp (dans toute cette foule de million[5]). Il est parti en transport pour finalement arriver à Bergen-Belsen, où il a été libéré par l'armée britannique pour rentrer ensuite à Colmar. Je l'ai vu en 1946 chez sa mère. Il était très faible, bien mal en point, tuberculeux... Il est décédé cette année-là (1947 ?).

Le lycée Bartholdi de Colmar, est devenu la *Matthias Grünewald Oberschule* dont le directeur fut par la suite le professeur d'allemand Albert

[5] Mot difficilement lisible.

Bleicher. Il était bien pro-nazi, et était devenu Dr Albert Bleicher. Les autres anciens professeurs, les Alsaciens (car ceux qui étaient non-Alsaciens, « de l'intérieur » comme nous disions, avaient dû quitter l'Alsace) ont du faire une période de rééducation politique (*Umschulung*)[6] pendant quelques mois en Bade, pour réintégrer leur poste de professeur dans les lycées ou collèges. *Umschulung* veut dire « soumettre à une autre éducation » ; oui, les nazis prétendaient que les professeurs alsaciens devaient être rééduqués avant d'être aptes à enseigner ! Tous ces professeurs alsaciens n'étaient pas du tout en faveur des Allemands (J.-M. Bopp, Kubler, Iltis, etc.)

La plupart, c'est-à-dire pratiquement tous les élèves des classes supérieures, avaient des sentiments français bien prononcés et avoués[7]. Lorsque

---

[6] L'occupant exerce une forte pression idéologique sur les Alsaciens, à commencer par l'administration et ses fonctionnaires. Ceux-ci sont soumis à une « rééducation » politique (*Umschulung*), à laquelle ils doivent souscrire sans ambiguïté, sous peine de révocation, ou même d'internement.

[7] La Résistance en Alsace annexée ne peut être comparée à celle de la France occupée. Cette situation engendre des formes de résistance spécifiques et très précaires ; la jeunesse devient la première « opposition collective » au nazisme. Voir Eric Le Normand, « La Résistance alsacienne et son rôle dans la Li-

le mât a été érigé dans la cour (à côté du mur de la Chapelle) et que le drapeau à croix gammée y a été hissé, ce ne fut pas du goût des élèves. Certains matins, avant de réintégrer les classes (ou parfois au milieu de la matinée) nous devions nous mettre en rang selon les classes en demi-cercle autour du mât. Le directeur faisait un discours, et lorsque le drapeau à croix gammée était lentement hissé nous devions chanter, avec le bras étendu, le *Deutschland über alles*... (Hymne national de l'Allemagne) et le *Horst-Wessel-Lied* (Chant des nazis). Je ne l'ai jamais fait.

À une autre occasion, je crois me souvenir que c'était le 11 novembre 1940 ou 1941, ils sont entrés dans les classes, ont dessiné sur les tableaux noirs, écrit des slogans – V de Victoire et la croix de Lorraine, et même, d'après ce que j'ai entendu, cloué un drapeau tricolore sur la porte du bureau du directeur ! Grand émoi le matin, et colère du Dr Bleicher ! Mais ils ont été dénoncés par un élève qui eut vent de leur intention, et alors qu'une nuit ils ressortaient, ils sont été pourchassés par les gendarmes ; ils sont partis chacun dans une direction, n'ont pas été saisis,

---

bération », *La Lettre de la Fondation de la Résistance*, n°85, juin 2016, p. II.

mais ont été interpellés chez eux plus tard, car les autorités avaient leurs noms.

Avant chaque cours, quand le professeur entrait dans la salle de classe, il fallait être au garde-à-vous ; le professeur debout devant la classe disait avec le bras levé *Heil Hitler!* et les élèves devaient répondre de même. Un bon nombre murmurait *Drei Liter!* («Trois litres ! ») au lieu de *Heil Hitler!* Lorsque un professeur était allemand (il y en avait des âgés qui n'étaient pas nazis) et qu'il entendait qu'on ne disait pas clairement *Heil Hitler!*, il disait : « Encore une fois '*Heil Hitler!*', et plus fort ! » (*Noch einmal 'Heil Hitler!', und lauter!*) ; il fallait parfois recommencer deux fois, trois fois. Les professeurs alsaciens souriaient à notre *Drei Liter!*, mais ils devaient saluer ainsi avant chaque cours, c'était le règlement.

Avec les professeurs allemands, si l'on pouvait, nous leur faisions comprendre de diverses manières que nous n'étions pas pour le *Groß-Deutschland*[8]. Le professeur Weitzel, lors des premiers cours, est venu avec une carte de la Grande Allemagne. Des élèves avaient mâché

[8] Le Grand Reich Allemand était l'appellation politique officielle de l'Allemagne nazie, intégrant le projet territorial qu'Hitler avait d'un « espace vital » très élargi sur ses voisins.

des papiers buvards, en avaient fait des boulettes qu'ils lançaient sur la carte lorsque le professeur avait le dos tourné. Les boulettes y restaient collées ! Parfois au cri de : « Bombardement ! », le professeur se retournait : « Qui a fait cela ? » Toute la classe le regardait impassible, sans rien dire. Il continuait son laïus sur la Grande Allemagne, et rebelote ! Après deux ou trois cours il n'a plus amené la carte du *Großdeutsches Reich* ! Le professeur Weitzel était âgé, et je crois qu'il comprenait bien nos réactions.

Il y avait par contre un professeur d'histoire, assez jeune, allemand, qui annonça au premier cours : « Pendant ce trimestre, nous allons étudier le livre de notre *Führer*, *Mein Kampf* ! » Tollé dans la classe, piétinements sur le plancher, couvercles de nos pupitres qui claquent. Toute la classe était soudée d'un bloc, ne bronchait pas, le regardait innocemment lorsqu'il levait la tête et nous demandait : « Qui a fait cela ? Qu'il se dénonce ! » Et ceci pendant tout le premier cours. Ce fut la même chose les deux cours suivants. Le professeur ne parvint à lire que quelques lignes ; il abandonna et ne parla plus de *Mein Kampf*. Un autre professeur allemand, de mathématiques celui-là, portait toujours une blouse blanche et avait pour habitude de se tenir contre les premiers pupitres. Certains élèves en profitaient pour mettre de l'encre sur le bord, de sorte que le bas de sa blouse et ses manches étaient tout tachés !

Refus du « Heil Hitler! » et de la Hitlerjugend

Une forte pression s'exerçait sur les élèves pour qu'ils s'enrôlent dans la *Hitler Jugend*[9], et, comme peu s'engageaient ou assistaient aux rencontres (une à deux fois par semaine), on menaça d'expulser du lycée ceux qui n'étaient pas membre de la *HJ*. Au printemps 1942, une loi a été promulguée, déclarant que ceux qui n'étaient pas dans la *HJ* ne pourraient plus continuer leurs études au lycée ou à l'Université. Le professeur d'histoire, Kubler, qui était au courant et comprenait bien ma position de refus d'entrer dans la *HJ* et de faire le salut hitlérien, me disait : «Vous n'allez tout de même pas gâcher tout votre avenir, ne plus pouvoir étudier, etc. Vous n'avez qu'à vous inscrire et faire extérieurement avec,

---

[9] En Alsace, les Jeunesses hitlériennes (*HJ*) sont mises en place le 8 septembre 1940 ; le 2 janvier 1941, un décret les rend obligatoires pour les 10-18 ans. Elles visent à encadrer les jeunes, à développer leur corps par des exercices pré-militaires, et à éduquer leur esprit dans la doctrine national-socialiste.

et vous pouvez toujours continuer à croire dans votre cœur». Je lui ai dit que je ne pouvais pas faire cela.

Voici ce que Papa a écrit au sujet du salut hitlérien, de la *HJ* et de nous, ses enfants :

> Pendant l'occupation de l'Alsace, les enfants étaient obligés dans les écoles de faire le salut *Heil Hitler!*, avec la main levée, dans les réunions, manifestations, dans la cour des écoles et ensuite dans les classes à l'arrivée des professeurs. Un certain jour, j'ai été appelé par les directeurs des Lycées qui m'ont averti qu'ils ont reçu l'ordre d'expulser en dehors des écoles les élèves qui ne font pas le salut de Hitler et qui ne sont pas dans l'organisation de la «Jeunesse hitlérienne». Je leur ai demandé si on peut reprocher quelque chose à mes enfants en dehors de cela dans leur conduite ou dans leur travail. Ils m'ont répondu : «Nous n'avons rien à leur reprocher en dehors de cela ; nous sommes au contraire très contents d'eux ! Mais nous sommes obligés d'exécuter les ordres reçus, sans cela nous allons perdre notre place de directeur», ce qui était compréhensible. J'ai appris seulement à ce moment-là que mes enfants ne faisaient pas le salut à Hitler, car je ne leur avais pas dit qu'ils ne devaient pas le faire. Ils ont simplement suivi l'exemple du père, qui ne l'a jamais dit pour saluer les gens, et étaient eux-mêmes convaincus que le salut ne venait pas de Hitler, mais de Jésus seul.

Un élève allemand dont le père était dans l'administration à Colmar et qui était dans ma classe – un grand fort de la *HJ* – m'avait dénoncé parce que je ne faisais jamais le salut hitlérien, ni ne chantait le *Deutschland über alles* et le *Horst-Wessel-Lied*. Un matin, le directeur entra au milieu d'un cours : bien sûr, suivant le règlement, nous devions tous nous mettre debout au garde-à-vous ; il prononça *Heil Hitler!* d'une voix forte et assurée, ce à quoi nous dûmes répondre *Heil Hitler!* avec le bras levé. Je ne levai pas le bras, ni ne prononçai *Heil Hitler!*

Il me vit, car j'étais au premier rang près de la porte, et annonça : *Noch einmal Heil Hitler!* (« Encore une fois Heil Hitler ! »). Je demeurai immobile sans ouvrir la bouche. Bleicher furieux me fit sortir dans le couloir, me dit : « Ôtez vos lunettes ! » et m'administra de fortes gifles, à droite, à gauche, à droite, à gauche. « Ne voulez-vous pas dire *Heil Hitler!* ? » - « Non » - Et à nouveau des gifles. Il hurlait : «Vous, Français ! Têtes de cochon ! » (*Sie Franzose! Schweinekopf!*, etc.) ; «Vous êtes jetés en dehors du lycée ! » (*Sie sind aus der Oberschule hinaus geschmissen!*) ; « Prenez vos affaires et sortez ! » (*Nehmen Sie ihre Sachen und raus!!*). Je suis entré dans la classe – grand silence (le professeur Weitzel – qui n'était pas très nazi – et les élèves avaient bien entendu ce qui se passait et les hurlements de Bleicher), le visage et la tête en feu ; j'ai rassemblé mes affaires et suis sorti. Bleicher attendait ; il me donna encore un coup de pied : «Vite, vite, allez-vous en, salopard ! » (*Schnell, schnell, weg mit dem Schweinehund!*). Je dus pratiquement courir le long du couloir ; je crois que Bleicher est ensuite allé dans son bureau. Je me présentai dans le hall, mais le concierge ne voulut pas m'ouvrir. Je lui dis : « C'est le directeur qui me renvoie ». Il téléphona au directeur et avec une mine triste (je ne sais pas ce que Bleicher lui a dit), sortit de la loge et m'ouvrit la porte.

Il faut dire qu'en Allemagne l'appartenance à la *HJ* n'était pas obligatoire[10], seulement en Alsace-Lorraine.

Deux ou trois élèves qui avaient été renvoyés pour cette raison, sont entrés dans la *Oberschule* à Fribourg et ont été bien accueillis par le Directeur, qui par la suite les a montrés en exemple aux élèves allemands : «Voyez comment ces élèves travaillent, etc. » Bien sûr, le niveau d'études en France était bien supérieur à celui de l'Al-

[10] En réalité, l'adhésion à la *HJ* fut rendue obligatoire en Allemagne à partir du 25 mars 1939, date du *Jugenddienstspflicht*, pour les jeunes de 10 à 18 ans.

lemagne, et durant l'occupation en Alsace. Un élève qui pouvait être nul dans toutes les matières (allemand, latin, mathématiques, algèbre, histoire, géographie, chimie, physique) était accepté dans la classe supérieure s'il avait de bonnes notes en gymnastique ; dans le bulletin trimestriel toutes les disciplines sportives étaient notées (course, saut en hauteur/longueur, natation, grimpe) ce qui permettait à certains d'augmenter leur moyenne générale.

Une fois expulsé de la *Matthias Grünewald Oberschule*, j'ai reçu plus tard, envoyé à la maison, le bulletin trimestriel daté du 8 juin 1942, signé par le professeur Weitzel et par le directeur Dr A. Bleicher, et avec la mention :

«Transfert : L'élève a dû être expulsé du lycée Matthias Grünewald parce qu'il n'a pas voulu se soumettre au Service obligatoire pour la Jeunesse, autrement dit, il n'a pas voulu entrer dans la *HJ*.» (*Versetzung : Der Schüler musste aus der Matthias Grünewald Schule ausgeschlossen werden, weil er sich nicht der Jugenddienspflicht unterwerfen bezw. nicht in die HJ eintreten wollte.*)

Un jeune qui avait passé l'âge de quatorze ans et n'était plus scolarisé devait obligatoirement travailler, tout comme les plus âgés, hommes ou femmes, à moins d'être malade ou invalide. Cela devait être un travail productif. Par exemple, nous avions depuis de nombreuses années une personne au service chez nous pour le ménage, etc., Mlle Hélène Houlme de Rothau, à demeure. Mais ce n'était pas vu d'un trop bon œil par les Allemands. Elle est partie, après l'arrestation de son père, chez ses parents, à Rothau, pour travailler dans une usine. Comme je ne voulais pas être contraint à travailler dans une usine (surtout une usine de guerre), et comme il ne fallait pas rester sans travailler, je suis allé à Isenheim (près de Guebwiller) dans une ferme, chez un cultivateur de nationalité suisse (M. Jacques Nussbaumer).

Au Reichsarbeitsdienst

Mais début août 1942, je reçus une convocation m'ordonnant de me présenter un lundi, à 14 heures, au *RAD* (*Reichsarbeitsdienst*) à Vieux-Brisach. Le fermier est allé à l'*Arbeitsamt* à Guebwiller, disant qu'il avait besoin de main d'œuvre, donc de moi, pour les moissons (il y avait pénurie de main d'œuvre dans l'agriculture) et que de toute façon je n'avais pas encore dix-huit ans. « Bien sûr, il peut rester chez vous,

vous en avez besoin, et de toute façon il n'a que dix-sept ans » lui a-t-on répondu dans ce bureau. Mais lorsque cela est venu à la connaissance des bureaux de Colmar, où cette décision devait être ratifiée, la réponse a été catégorique : « Non, ce jeune homme doit aller au *RAD*, c'est un ordre de la Gestapo ». La Gestapo avait bien sûr été informée de mon comportement et des raisons de mon expulsion. Il n'y avait pas moyen d'y échapper.

Mon père m'avait suggéré de partir, direction la France libre, avec toute la famille : mon père, ma mère, mon frère et ma sœur (jumeaux) qui avaient treize ans. Car si je partais seul, mon père et ma mère seraient emprisonnés.

C'était risqué, car la frontière était bien surveillée[11] ; mais cela aurait été faisable pour nous, car mon père était Inspecteur des Eaux et Forêts, très

---

[11] Il existe en Alsace des réseaux de « passeurs », qui font traverser la frontière vers la France aux prisonniers de guerre évadés, puis aux réfractaires au S.T.O. ou à l'incorporation de force dans la Wehrmacht. Ces filières font sortir du Reich plus de 20000 personnes, dont 15% au moins d'incorporés. Le risque est grand : mort ou emprisonnement pour les fuyards et/ou représailles sur les familles (souvent la « transplantation »). Plusieurs mennonites servent de passeurs, seuls ou dans des réseaux.

aimé de son personnel. Les Brigadiers et Gardes forestiers qui avaient été sous ses ordres auraient tout fait pour nous faciliter le passage. De plus, mon père connaissait très bien les Vosges, car c'était son district depuis 1921 jusqu'à 1940.

En 1939, mon père fut mobilisé, étant officier de réserve dans le Génie, mais dans son service, comme chef de la 3e circonscription du Centre Militaire des Bois de Guerre n°33. Son inspecteur adjoint fut aussi mobilisé, comme lieutenant dans les Chasseurs alpins (M. Bêchetoile, malheureusement tué dans les Alpes début 1940).

Lors de la Débâcle, tôt le matin du 15 juin 1940, mon père reçut l'ordre de se replier à Foix, dans l'Ariège, avec deux ou trois brigadiers et gardes, en prenant avec lui toutes les archives de l'Inspection des Eaux et Forêts. Il réquisitionna le camion d'un entrepreneur pour y mettre tous les dossiers et alerta ceux qui devaient partir avec lui.

À 7 h 30, nous avons encore pris notre petit-déjeuner en famille. Nous lisions chaque matin un passage de la Bible[12], à la suite, et nous étions arri-

[12] Émile Krémer (1895-1990) se convertit en 1922 à la suite d'une réunion de l'Armée du Salut. Il s'engage ensuite dans les Églises mennonites, dont il est originaire ; on le consacre Prédicateur en 1924, puis Ancien des Assemblées de Sarre-

vés au Psaume 121. Les versets furent pour nous enfants, papa et maman, un merveilleux encouragement et promesse que le Seigneur nous donnait. La promesse et assurance que le Seigneur conduirait et garderait le départ et le retour de papa, et la promesse qu'il nous garderait aussi[13].

Ainsi mon père partit, peu après 8 heures, avec sa propre voiture, le camion et les hommes, ainsi que de l'essence réquisitionnée dans des fûts pour le trajet. Connaissant très bien la région, il ne passa pas par Belfort, mais prit les petites routes du Jura (autrement ils auraient été interceptés et fait prisonniers par les troupes allemandes qui arrivaient de derrière les Vosges à Belfort). Ils arrivèrent finalement à Foix, où mon père est resté jusqu'à ce qu'il soit démobilisé en septembre 1940.

Il revint à Colmar dans l'intention de repartir

---

bourg et Colmar en 1927, où il est à l'origine d'un Réveil controversé. La piété familiale, développée, est un fruit de cette foi renouvelée.

[13] Le Psaume 121 assure le croyant de la protection divine au travers des épreuves. Il prend un relief particulier dans ce contexte de persécution, et soutiendra la résistance des Krémer dans le temps long : « L'Éternel te gardera de tout mal, Il gardera ton âme ; / L'Éternel gardera ton départ et ton arrivée, / Dès maintenant et à jamais. »

avec nous tous et de passer en France libre. Il ne désirait pas reprendre son service dans les Eaux et forêts en Alsace, maintenant sous la direction des Allemands. Et il ne voulait pas revêtir l'uniforme allemand.

Mais lorsqu'il a vu combien les chrétiens étaient désemparés et découragés, il a décidé de rester et de prêcher (comme il le faisait auparavant à côté de son service forestier)[14]. Aussi a-t-il refusé de reprendre ses fonctions d'Inspecteur sous l'administration allemande. Il avait des certificats médicaux d'un docteur en Allemagne, le mettant en arrêt pour surmenage, etc. Il était en effet bien fatigué après son retour.

C'est ainsi que mon père, lors de mon incorporation de force dans la *RAD*, m'avait placé devant le choix : soit de partir, et de partir tous en France libre, ou aller au *Reicharbeitsdienst*, et tout ce que cela comportait ! Car, comme dit, par-

[14] Le ministère d'Émile Krémer fut aussi itinérant. Il prêcha dans les Assemblées mennonites de Lorraine, d'Alsace, de Bade, et de Suisse, dans des conventicules piétistes informels, et dans les maisons qui le recevaient. Il perpétua ainsi la tradition des évangélistes mennonites qui passaient de ferme en ferme, et méditaient la Bible, le soir, au milieu du cercle domestique élargi (parenté, ouvriers agricoles, etc.)

tir en France libre, signifiait que mon père aurait été mis en prison, ma mère et frère et sœurs *angesiedelt*, c'est-à-dire transférés en Allemagne de l'Est. Le *RAD* n'est pas à confondre avec les S.T.O., (Travailleurs français volontaires ou requis pour travailler en Allemagne). Le *RAD* était une formation qu'on peut assimiler à une préparation de régime militaire. Hitler l'avait instituée lorsqu'il était parvenu au pouvoir pour doubler les effectifs de l'armée, car selon le traité de Versailles, l'Allemagne ne devait avoir qu'un certain nombre d'hommes dans l'armée.

Il s'agissait surtout d'embrigader les jeunes de dix-huit ans et plus (garçons et filles), pour les former militairement et les endoctriner. Dans les années trente, ils furent utilisés pour faire des travaux, par exemple l'assainissement de terrains marécageux comme la Lüneburger Heide (Lande de Lunebourg). Au lieu du fusil, on faisait les exercices avec une bêche, on défilait, etc. et bien sûr aussi on travaillait.

Je connaissais la situation et les pensées de mon père en 1940, sa volonté de rester en Alsace pour y encourager les chrétiens, mais aussi pour que les personnes autour de nous ne disent pas : « Eux ils ont la chance d'avoir l'occasion de partir, de quitter l'Alsace lorsque la situation devient brûlante, nous, il nous faut rester... ». Je décidai de rester et d'aller au *RAD* à Vieux-Brisach, où j'étais convoqué, sachant bien ce que cela signifiait pour moi !

Le 8 août je suis donc allé en début d'après-midi, accompagné de mon père, à Vieux-Brisach, au régiment *RAD-Abteilung*[15] 4/276. Je fus assigné à la *Truppe* 12 ainsi que de jeunes allemands arrivés ce jour-là, qui sortaient de prison ou de maison de redressement. Tous ceux de l'*Abteilung* 4/276 y étaient déjà depuis octobre 1941 pour leur année (à part les officiers et sous-officiers instructeurs) de la *Truppe* 1 jusqu'à la *Truppe* 11. La *Truppe* 12 correspondait au groupe arrivé ce jour-là.

C'était une section disciplinaire. La première chose que nous devions faire, c'était de remplir des grands sacs de toile avec des copeaux de bois en vermicelles qui se trouvaient sous un hangar. J'ai tout de suite compris qu'il s'agissait de se confectionner un matelas, aussi je me suis bien appliqué à remplir les coins et à les répartir également tout le long pour que ce soit plat et bien rectangulaire comme un matelas. Par la suite, mal-

[15] Département (ou Division) de la *RAD*.

heur à ceux qui avaient simplement bourré leur sac comme un boudin, car nous devions le transporter dans le dortoir assigné à la *Truppe* 12 et les placer sur des châlits en bois, des lattes. Il nous fut donné un drap, une housse pour l'oreiller, et une couverture. Le drap couvrait le matelas et devait avoir un pli bien droit sur les bords des côtés. La couverture devait être pliée en long de telle sorte qu'il y avait un espace de dix à quinze centimètres de chaque côté pour laisser apparaître le drap. Et cette couverture devait passer sur l'oreiller en faisant une marche d'escalier bien droite. En plus, la couverture avait deux ou trois rayures en haut et en bas, et il fallait que ces rayures continuent en ligne droite d'un bout du dortoir à l'autre. Nous avons ensuite reçu nos uniformes (un treillis, un uniforme ordinaire avec une paire de chaussures, un uniforme de parade avec une paire de bottes, un ceinturon et une calotte.) Nos vêtements civils devaient être mis dans nos valises pour être expédiés à la maison.

Au pied du lit, il y avait une armoire métallique avec quatre portes et compartiments pour les quatre lits (côte à côte et superposés). Les uniformes devaient y êtres suspendus sur des cintres et le rayon du haut était pour les sous-vêtements, mouchoirs, trousses de toilette, etc. Tout devait être bien rangé et aligné, les mouchoirs, par exemple, devaient être pliés de telle sorte qu'on ne voyait qu'une pliure sur le devant, et deux sur le côté. La nuit, un uniforme devait être mis sur un tabouret devant l'armoire, plié d'une certaine façon (pantalon et veste par-dessus, le ceinturon et le calot dessus, les bottes ou chaussures placés en ligne devant le tabouret). Le soir, lorsque nous étions couchés, nous devions être au garde-à-vous lorsque l'officier de service entrait dans la chambre. Un de la chambre devait se tenir en uniforme, à la porte ; après le salut il annonçait : « *Truppe* 12, tant d'hommes, 1 en congé, 1 à l'hôpital (par exemple) ». L'officier faisait l'inspection pour voir si tout était en ordre, et lorsqu'il sortait, la lumière devait être immédiatement éteinte, et celui qui était à la porte devait se déshabiller dans l'obscurité.

Le matin : réveil de bonne heure, à 6 heures, et pendant une heure nous devions courir et faire des exercices en caleçon (torse nu) ; puis à 7 heures se laver dehors devant des auges et non des robinets, se raser (obligatoire), même si on n'avait pas de barbe et juste à peine un léger duvet comme moi, et cela chaque matin ; ensuite courir vers le dortoir pour s'habiller, faire nos lits, nettoyer la chambre, le sol, et faire les poussières. Car l'officier passait pour inspecter alors que nous étions au garde-à-vous, et passait son gant blanc sur le dessus de l'armoire, et gare à vous s'il y avait de la poussière ! Il jetait alors son gant à la figure de celui qui était près de lui – il devait le lui rapporter propre par la suite.

Ensuite, nous nous rendions en formation et au pas au réfectoire pour le petit-déjeuner. Les WC étaient à l'autre bout de la place. Et peu après, pendant toute la matinée, exercices, marche au pas, garde-à-vous, présenter armes (avec la bêche) ; et gare à celui qui touchait ou frôlait avec la bêche le sous-officier qui se tenait délibérément à trente centimètres devant. Il valsait alors par terre ! Parfois sur la fin de la matinée il fallait courir et sur le commandement *Hinlegen!*, il fallait immédiatement se jeter par terre là où on se trouvait ; si quelqu'un faisait un ou deux pas de côté pour éviter une flaque de boue, il recevait des coups de pieds. Ensuite, peu avant de se mettre en rang pour aller au réfectoire, l'ordre était donné d'être prêts une demi-heure plus tard, avec l'uniforme propre – il fallait courir vers le point d'eau (les auges dans la cour) et nettoyer l'uniforme, les chaussures ou les bottes, pour être impeccables.

Même chose l'après-midi. Et le dimanche matin, de même. Le dimanche après-midi, il fallait être prêts pour 14 heures, en uniforme de sortie (y compris ceux qui n'avaient pas le droit de sortie – ceux qui n'avaient pas encore prêté serment, ou ceux qui en avaient été privés), être en rang au garde-à-vous sur la place pour être inspectés par un officier : gare à celui qui avait un bouton qui manquait à son uniforme ! L'officier donnait l'ordre de lever le pied droit vers l'arrière, (comme le maréchal-ferrant lève le pied d'un cheval pour lui mettre le fer) et il passait entre les rangs. La semelle devait être propre, pas un clou ne devait manquer et la partie entre la semelle et le talon devait être cirée. Ensuite, même chose pour la chaussure gauche. Ensuite, il fallait présenter son calot : il ne devait pas y avoir de traces de sueur, etc. Ensuite présenter son peigne propre, et ensuite un mouchoir propre impeccable, plié (c'est pourquoi en général nous avions deux mouchoirs dans la poche et l'on présentait celui qui n'était pas utilisé !). Une fois tout ceci terminé, vers 15 heures (parfois c'était bien après 15 heures si l'inspection durait plus longtemps), ceux qui étaient impeccables pouvaient sortir, quartier libre, jusqu'au soir.

Les restants, qui n'avaient pas passé l'inspection, et ceux de la *Truppe* 12 qui n'avaient pas encore prêté serment, n'avaient pas le droit de sortir. Mais nous n'étions pas libres pour autant. L'ordre était donné : « Dans dix minutes, tous ici avec l'uniforme ordinaire, rompez ». Cavalcade vers le dortoir, se déshabiller, endosser l'uniforme ordinaire, ranger tout impeccablement dans l'armoire.

Puis retour sur la place, au garde-à-vous, et inspection pour voir si tout était en ordre ! Puis rebelote : « Dans dix minutes en uniforme de parade ! » Malheur à ceux qui avaient laissé traîner quoi que ce soit sur le lit ou le tabouret, car pendant que nous étions sur la place, un officier passait dans les dortoirs et jetait les chaussures qui n'étaient pas rangées par la fenêtre de derrière. Ainsi ils ne retrouvaient plus leurs vêtements, devaient courir dehors, contourner la baraque pour retrouver ce qui manquait. Bien sûr ils étaient en retard sur la place, fortement réprimandés et injuriés ou même frappés, ou devaient faire un sprint autour de la place, avec les ordres : « À plat ventre ! » (*Hinlegen!*) ; « Debout ! » (*Auf!*) ; « Courir ! » (*Rennen!*), etc.

Le manège continuait tout l'après-midi : « Dans

dix minutes en uniforme de travail ! » Puis à nouveau : « Dans dix minutes en uniforme de parade ! » Et toujours inspecter si tout était en ordre. Malheur à celui qui, par exemple, pour aller plus vite, avait gardé ses chaussettes aux pieds, ce qui était défendu ; il fallait mettre des *Fußlappen* (un carré de toile), les plier d'une certaine manière autour du pied et les enfiler dans la botte (quand cela n'était pas bien fait, cela occasionnait des douleurs et des ampoules). Ceux qui avaient des chaussettes dans les bottes (les chaussettes étaient uniquement pour les chaussures car elles s'usaient rapidement dans les bottes) étaient sévèrement réprimandés, taxés de saboteurs et en subissaient les conséquences. Après les coups, etc., ils devaient enlever les chaussettes, courir pieds nus vers le dortoir, les bottes à la main, pour mettre les *Fußlappen*. Pendant ce temps, nous restions au garde-à-vous, et gare à celui qui bougeait !

Cela durait jusque 18 heures environ, et cela chaque dimanche. C'était la punition pour ceux qui n'étaient pas impeccables lors de l'inspection avant la sortie, ou qui avaient été punis pour une raison ou pour une autre, et pour nous, la section disciplinaire.

Le 25 août 1942, il y eut un décret pour l'incorporation obligatoire des Alsaciens dans la Wehrmacht, ce qui eut, pour les départements du Haut-Rhin, du Bas-Rhin et de la Moselle, une signification particulière. Édicté par le Gauleiter Wagner, il conduisit à l'incorporation de force de près de 100 000 jeunes, s'échelonnant entre 1900 et 1926-27 pour les deux départements Haut-Rhin et Bas-Rhin.[16] Les mêmes mesures ont été prises pour la Moselle par le *Gauleiter* Burkel.

Le jour du serment

Puis le jour est arrivé, le 29 août 1942, où la section disciplinaire devait prêter serment. J'avais déjà dit, dès mon arrivée, que je ne prête-

[16] Après la mise en place du service obligatoire du *Reichsarbeitsdienst* (*RAD*) le 8 mai 1941 (qui concerne environ 70 000 jeunes, hommes et femmes), l'incorporation de force dans la Wehrmacht représente l'étape ultime du processus d'intégration de l'Alsace au IIIe Reich. Elle vise aussi à compenser les pertes de l'armée allemande sur le front de l'est. Vingt-et-une classes d'âge sont concernées (de 1908 à 1928), soit environ 100 000 Alsaciens. 35 000 ont été tués ou portés disparus (13 000 sur le front de l'est). Plus de 30 000 ont été blessés, dont 10 000 grièvement.

rai jamais le serment de fidélité. Ce qui m'avait valu des représailles de toutes sortes, ainsi que les questions « Pourquoi ?? ». Je leur disais que j'avais donné ma vie à Jésus-Christ[17] et que je ne pouvais pas la donner à quiconque d'autre. Car le serment consistait à jurer, la main sur le drapeau à croix gammée, fidélité au nazisme et à Hitler, que nous étions prêts à mourir pour lui et la cause nazie.

Grande parade en uniformes de gala, officiers haut gradés, discours vantant la grandeur du Reich allemand, le privilège et l'honneur de servir dans le *Reichsarbeitsdienst* (*RAD*), et ensuite dans l'armée, et surtout l'honneur d'être prêts à

[17] L'appartenance exclusive à Jésus-Christ est le fondement de la résistance spirituelle des Krémer. Elle induit une soumission aux autorités politiques dans la mesure où elles ne contredisent pas l'obéissance à Dieu et à la conscience. Ce principe est un élément premier de la tradition anabaptiste-mennonite, et a valu à cette minorité religieuse de nombreuses persécutions et migrations forcées. Sous la domination nazie, Émile et Jean-Paul Krémer font partie des rares mennonites à maintenir cette radicalité, au prix de leur liberté. Plus profondément, ce langage témoigne de la conception de la suivance du Christ qu'ils cherchent à promouvoir par leur exemple et leur prédication : « Si quelqu'un veut venir après moi, qu'il renonce à lui-même, qu'il se charge de sa croix, et qu'il me suive. » (Évangile de Matthieu 16.24).

donner nos vies pour le nazisme, la Grande Allemagne et Hitler.

Avant de prêter serment, alors que nous étions tous au garde-à-vous (la compagnie disciplinaire ainsi que toutes les autres *Truppe* de ce régiment), quelques officiers m'ont demandé si j'étais maintenant prêt à prêter serment. Je leur ai répondu « Non, je n'ai pas changé de conviction ». Ils m'ont ordonné de sortir des rangs, d'aller et d'attendre dans le dortoir. De la fenêtre, j'ai vu et entendu tout le déroulement de cette *Vereidigung*[18].

Le matin du 31 août (un lundi), de bonne heure, j'ai été amené sous escorte de Vieux-Brisach à Colmar, en train, et de la gare de Colmar à pied, en passant par la rue Henner (parallèle à la rue Voltaire, donc à cent mètres du n°7 où habitaient mes parents) pour aller vers le Château Kiener où siégeait le Général de la *RAD*, responsable de toute la région. Après attente, interrogatoire par ce Général, moi au garde-à-vous devant lui, menaces avec hurlements, traité de « Tête de Français » (*Franzosenkopf*), quelques gifles bien assénées. « Si vous n'êtes pas prêt à prêter serment ce sera la prison, la punition sera l'emprisonnement

[18] « Prestation de serment ».

en cellule en arrêt sévère (*Verschärfter Arrest*) ! À mon refus réitéré, encore des gifles, etc. Puis il me fit sortir du bureau ; c'était vers 13 heures, donc pas de déjeuner. Après, une longue attente jusqu'à ce que mon escorte (un caporal ou sergent) vienne me prendre (il était sans doute au mess des officiers pour le repas de midi). À pied jusqu'à la gare, attente pour le prochain train pour Vieux-Brisach, et à pied jusqu'à la *RAD*. Arrivée après le souper, donc rien à manger. Ce soir-là, le commandant m'a dit que je serai puni de cinq jours d'arrêt sévère. J'ai passé la nuit dans le dortoir de la *Truppe* 12.

Arrêt sévère

Le lendemain matin (mardi 1er septembre 1942), j'ai été amené de bonne heure avec un morceau de pain dans la cellule pour cinq jours d'arrêt sévère. Ceci consistait à revêtir l'uniforme léger ou treillis, mais sans ceinturon, sans ceinture pour le pantalon, sans lacets aux chaussures, et surtout sans paillasse sur la couchette ou bat-flanc. Et pour nourriture, je recevais le matin un morceau de pain et un broc d'eau. Pas de chaise ou de tabouret, ordre de rester debout toute la journée, défense de s'allonger sur le lit pendant la journée –

ce qui était rendu impossible car les lattes de bois étaient espacées de dix à quinze centimètres, ou même plus. De toute façon, il était impossible de s'asseoir sur le bord de ce lit ou couchette qui se trouvait à environ un mètre et demi de hauteur, et avec une planche verticale sur le devant (planche pour retenir la paillasse, quand il y en avait une) et le plafond qui empêchait d'y être assis sans courber la tête et le dos. En « arrêt sévère », on recevait en plus du morceau de pain le matin, chaque quatrième jour, une assiette à midi avec quelque chose de chaud.

Plusieurs fois, un officier vint me voir pour me demander si j'étais prêt à prêter serment. Il y avait entre autres une surveillance par le judas dans la porte, pour vérifier si j'étais bien debout et non pas accroupi par terre ou couché sur le « lit ». La cellule s'ouvrait sur l'arrière de la salle de garde. Il y avait juste une petite vitre/fenêtre avec barreaux au bout de la cellule. Il faisait bien chaud, voire très chaud durant la journée, lorsque le soleil frappait sur le mur extérieur de la cellule (baraque en bois) ; par contre la nuit, il faisait assez froid (pas de couverture) et en plus impossible de dormir confortablement allongé sur ces planches brutes, distantes de quize centimètres.

Après cinq jours, donc le dimanche 6 septembre 1942 au matin, ils m'ont laissé sortir de la cellule, mais le petit-déjeuner était passé, donc rien à manger ! Il fallait reprendre les exercices de routine le matin et début d'après-midi. Le lundi, au travail avec l'*Abteilung zur Baustelle*, creuser des tranchées, abris et casemates pour munitions sur le terrain d'un petit aérodrome. Nous nous y rendions à pied, et au pas, des kilomètres de l'autre côté du Rhin. En passant devant le moulin de Biescheim, où était M. Peterschmitt, son fils Japhet, plus jeune que moi, m'a vu depuis la cour ; moi-même je me gardais bien de regarder à gauche et à droite, car nous marchions en rang et au pas – j'étais mis en dernier dans le groupe – et deux officiers marchaient derrière moi.

Puis, le mardi 8 septembre, mis à nouveau en cellule pour dix jours, avec le même traitement. Les cinq jours avaient été donnés par le commandant et les dix jours par le Général de Colmar. À nouveau quelques visites de certains officiers, dont le commandant de cette *RAD-Abteilung*, pour chercher à me convaincre de prêter serment. Le commandant m'a même apporté son livre à lui, bien relié, le *Mein Kampf* d'Adolf Hitler, pour que je le lise : «Vous verrez, vous serez convaincus que c'est le national-socialisme qui est le vrai, et la réponse aux problèmes du monde, et non le christianisme. C'est le national-socialisme, c'est Adolf Hitler qui triomphera partout, etc., etc. » Inutile de dire que j'ai juste jeté un coup d'œil sur ce livre et que je ne l'ai pas lu.

Il m'avait suffi d'y jeter un coup d'œil, de feuilleter quelques pages pour me rendre compte de ce qu'était le contenu de *Mein Kampf* :

> Le mouvement national socialiste doit appeler la colère éternelle sur la tête de cet immonde ennemi de l'humanité qu'est l'inexorable juif [...] C'est pourquoi je crois aujourd'hui que j'agis selon la volonté du Créateur tout-puissant en me défendant contre les Juifs, je me bats pour l'œuvre du Seigneur [...] Il faut élever le mariage au-dessus de cette honteuse pratique qu'est le mélange des races, et en faire une institution dont le but est de produire des images de Dieu, et non de monstrueux mélanges d'hommes et de singes (les non-juifs et les Juifs).[19]

[19] Au fait de la situation politique allemande grâce à sa profession et à ses contacts allemands, Émile Krémer dit avoir reçu, dès 1925, la conviction que Hitler détruirait les Juifs s'il parvenait au pouvoir. Pour bon nombre d'évangéliques, le peuple d'Israël représentait « l'horloge des nations » et son destin était intrinsèquement lié au devenir eschatologique du monde. Dans cette perspective, l'antisémitisme nazi était un critère de discernement et un signal d'alarme : il était impossible, pour un chrétien, de s'associer à un mouvement qui,

Entre autres – et d'autres diatribes, ainsi que des passages qui parlent du *Herrenvolk* (le « peuple du Seigneur » – de l'élite) qu'est le peuple allemand aryen, etc.

Le commandant du *RAD-Abteilung* 4/276 est venu me voir dans la cellule pour me convaincre de prêter serment. Il me disait : « Vous êtes un bon jeune homme, vous avez un bel avenir… Vous êtes exemplaires à tout point de vue, obéissant, ordonné, propre… » (Il avait apprécié ma façon de cirer ses bottes tôt le matin : « Parfait, je n'ai jamais eu les bottes aussi bien cirées et brillantes ! »). C'était déjà une brimade que d'être mis à cette tâche le matin tôt, chercher les bottes qu'il mettait devant sa porte, les nettoyer et les cirer – ceci en plus de ce qu'il y avait à faire avant le petit-déjeuner. Pour cirer ses bottes, je faisais de mon mieux, et j'avais aussi une astuce pour étaler le cirage et astiquer les bottes (c'est-à-dire mouiller le chiffon avant d'étaler le cirage).

---

d'une manière ou d'une autre, s'en prenait à la « prunelle de Dieu ». Cet attachement aux Juifs, à travers la littérature prophétique de l'Ancien Testament et une histoire partagée de minorité persécutée, place la résistance des Krémer sous le signe de ces « affinités électives » qui unissent Juifs et protestants, mises en évidence par Patrick Cabanel.

Pour revenir à ce que le commandant me disait : «Vous avez de bons principes, un idéal, mais vous savez, ce n'est pas votre Jésus, ce ne sont pas les chrétiens qui ont la solution pour les problèmes, les injustices, etc. dans le monde, c'est le national-socialisme qui en a la force pour mettre l'ordre, contre la juiverie, etc. C'est nous qui régnerons et dominerons. C'est Hitler qui a raison, etc.» Naturellement, à part ce que je lui avais déjà dit, je ne pouvais rien lui répondre ou répliquer, je n'avais qu'à rester au garde-à-vous, et écouter. C'est lui qui avait raison, pensait-il ; je n'étais qu'un pauvre jeune homme à qui on avait inculqué des idées périmées et opposées au nazisme.

Le neuvième jour, l'officier en second est venu dans ma cellule : «N'est-ce pas, vous êtes maintenant prêt à prêter serment ?» À ma réponse négative, lui affirmant à nouveau que Jésus-Christ était mon seul maître, que je lui appartenais, que je lui avais donné ma vie car il m'avait racheté, je ne pouvais donc pas donner ma vie pour une cause contraire à ma foi. Cet officier était tellement stupéfait qu'il est sorti de la cellule sans dire un mot. Environ dix minutes plus tard il est revenu et m'a dit : «Est-ce que j'ai bien compris et savez-vous ce que cela signifie si vous continuez à refuser ? Ce sera quarante jours d'arrêt sévère au Bunker ! » (*Verschärfter Arrest im Bunker!*). En effet, c'était la procédure : cinq jours, puis dix jours s'il y avait récidive, et ensuite quarante jours (qui devaient être ordonnés par Berlin). Le Seigneur m'avait soutenu jusque-là et je savais que je pouvais lui faire confiance. Lors de mes cinq jours, j'avais reçu deux lettres avec les mêmes versets de la Bible de la part du Seigneur ; c'était un encouragement à lui faire confiance : « Ne crains rien, car je suis avec toi » (Ésaïe 43.1, 2 et 5).

Le lendemain matin, 18 septembre, ils m'ont laissé sortir de ma cellule, car la peine des quarante jours devait être prononcée par le Général en chef de Berlin et ils devaient attendre.

Le matin où je suis sorti de la cellule, après 8 heures, (les autres du régiment avaient déjà eu leur petit-déjeuner), nous devions passer la visite médicale périodique (poids, piqures/injections, analyse d'urine…)

J'étais pratiquement le dernier de la file d'attente. Le docteur était assis derrière une table, et c'est un infirmier qui manipulait la balance. Quand mon tour fut arrivé, le docteur lui-même se leva, et avant que je sois monté sur la balance, il fit glisser les poids sur la barre. Mais, à sa grande stupéfaction, il dut les remonter au poids que j'avais auparavant ; il donna des coups de pied dans la balance pour voir si elle marchait bien. Puis il appela celui qui avait été pesé avant moi et l'a repesé. La balance marchait bien. Il m'a à nouveau pesé pour constater que j'avais le même poids qu'à la visite précédente (50 kg). Je devais encore inscrire le poids sur leur livre, et derrière le chiffre du poids il a mis un point d'interrogation. Il ne comprenait pas qu'après tous ces jours de cellule j'aie toujours le même poids !

À partir de ce jour ils ne m'ont plus harcelé ni frappé. Ils m'appelaient « der Auferstandene », c'est-à-dire le « ressuscité ».

Après cette inspection médicale, je fus immédiatement remis avec la *Truppe* 12. J'ai continué à faire les marches, les travaux, les exercices… avec les autres et les 24 et 25 septembre, à 5 heures du matin, ceux de l'*Abteilung* 4/276 ont été libérés pour aller immédiatement dans la Wehrmacht ou les SS, où ils devaient se présenter. Seuls quelques-uns restèrent, c'est-à-dire l'encadrement (officiers et sous-officiers), attendant les prochaines recrues qui devaient arriver. J'ai continué les travaux ; je fus même désigné deux jours pour le poste de garde à l'entrée du camp *RAD*.

Voilà ce que Papa a écrit à ce sujet :

Notre fils aîné, Jean-Paul, était ensuite appelé dans la *RAD* à Vieux-Brisach, où il a refusé de prêter serment à Hitler et où il était mis dans un cachot avec une seule planche (des lattes de bois espacées) pour dormir et un petit morceau de pain de dix grammes par jour. Après quinze jours on l'a pesé et constaté qu'il avait encore le même poids, et qu'il pouvait faire les mêmes exercices sans se fatiguer et de longues marches comme les autres jeunes gens du *RAD*.

Pendant que Jean-Paul était en cellule, on avait comme toujours le dimanche après-midi la réunion de prière avec l'étude de la Parole de Dieu à Pfastatt Château, où venaient régulièrement de Bade vingt à trente, voire quarante personnes pour entendre la Parole de Dieu et où l'Esprit de Dieu se manifestait pour agir dans les cœurs. Une sœur m'a dit après la réunion :

« Quand on a prié pour Jean-Paul dans sa cellule, je l'ai vu assis sur son lit de planches et un ange vêtu de blanc lui donnait à manger d'un plateau que l'ange tenait dans sa main ! » Cette nourriture céleste donnée par l'ange explique pourquoi Jean-Paul est sorti de cette cellule après quinze jours aussi frais et en bonne forme pour pouvoir faire les longues marches à pied fatigantes avec les autres jeunes gens du *RAD*, à l'étonnement de tous.

Quand j'ai visité le commandant du *RAD* à Vieux-Brisach et lui ai adressé, avec mon témoignage, la raison du comportement de Jean-Paul de refuser par la foi en Jésus-Christ et une consécration à son maître céleste le serment à Hitler, il m'a répondu : « Si j'avais su tout cela plus tôt, je n'aurais pas dénoncé votre fils à la Gestapo qui l'a cherché hier pour le mettre en prison à Fribourg ! »

Ce qu'il a dit à mon père n'était en réalité pas vrai, car c'est le commandant qui, tôt le matin du 30 septembre, avait donné l'ordre à un sous-officier de m'amener et de m'escorter par train à Fribourg. Je n'ai pas vu le commandant ce jour-là, ni les jours précédents. Tout ce que ce sous-officier savait, c'est qu'il devait m'amener au n°33 de la Goethestraße à Fribourg. C'est aussi tout ce qu'il pouvait me dire, lorsque je lui ai demandé où il m'amenait.

Sur la feuille de démobilisation du *RAD*, il y avait inscrit : « Démobilisé au 33 rue Goethe, Fribourg » (*Entlassen, nach Goethestraße 33, Freiburg*). Les autres jeunes, quelques jours plus tôt, avaient été démobilisés aussi : *Entlassen, nach…*, suivi de l'adresse où ils devaient se rendre, tel ou tel régiment de la Wehrmacht, ou de la SS.

Siège de la Gestapo, Fribourg

La Goethestraße 33, Fribourg, était en effet le siège de la Gestapo à Fribourg ! De toute façon, c'était déjà la Gestapo qui avait donné l'ordre que je sois incorporé dans le *RAD*, et ceci avant l'âge.

Le matin du 30 septembre, à 6 heures, je fus amené sous escorte à Fribourg. Celui qui me conduisait disait : *Nach Freiburg, n°33 Goethestraße, entlassen!* (À Fribourg, au 33 rue Goethe, démobilisé !). Interrogatoire musclé pendant plusieurs heures, puis amené à la prison (prison d'exécution des peines) au 43 Hebelstraße, Fribourg.

Plusieurs interrogatoires eurent lieu à la Goethestraße 33, qui durèrent quatre, six heures d'affilée ou plus. Une fois (je crois le 13 octobre), je fus amené au *Passamt, Polizeipräsidium*, Freiburg (Bureau des passeports du Quartier général de la police, Fribourg), où j'ai été photographié de face et de profil, ainsi que plusieurs prises de mes empreintes digitales de tous les doigts des deux mains (comme un grand criminel !).

Les hommes de la Gestapo m'avaient menacé d'être fusillé si je refusais de prêter serment et de servir dans la Wehrmacht : «Vous voyez ce mur-là, en bas ?» m'amenant à la fenêtre et désignant depuis le premier ou deuxième étage une cour en bas. « C'est là que vous irez, le nez contre le mur ! » Ils m'accusaient d'avoir influencé et parlé à des camarades de lycée, et à d'autres personnes à Colmar après mon expulsion ; d'avoir eu, depuis la prison, des contacts avec l'extérieur, et comme je niais à chaque fois c'était des coups, etc.

L'accusation principale était d'avoir été plusieurs fois à Mulhouse, d'être du 2e Bureau de Mulhouse. Cela aussi m'a valu des coups pour que je donne les noms de ceux du 2e Bureau[20]. - « M. ... (j'oublie le nom), vous connaissez ? » - « Non je ne connais pas, je ne connais pas les personnes que vous mentionnez. » De toute façon, je ne suis jamais allé à Mulhouse, ce qui était vrai. Toutefois nous allions parfois à Pfastatt, mais nous quittions la maison séparément pour prendre le train, et nous sortions à (illisible) pour passer derrière, à travers les rails et de petits chemins.

---

[20] Il s'agit du 2e bureau de l'armée française qui était en réalité le service de renseignements de l'armée. De nombreux résistants alsaciens se sont engagés au sein d'un réseau, le réseau Kléber, dont les membres du 2e bureau (de l'armée d'armistice) sont à l'origine. Les Allemands, qui connaissaient l'existence de cet important réseau (implanté à Mulhouse et Colmar notamment), soupçonnaient Krémer d'en faire partie.

Ils affirmaient que j'avais écrit depuis la prison et voulaient savoir comment j'avais eu contact avec l'extérieur, comment j'avais pu envoyer une lettre, etc. Ils m'ont frappé, etc., pour que j'avoue.

Je n'ai compris qu'après la guerre, lorsqu'on m'a dit qu'un dimanche matin, dans la cathédrale de Fribourg, l'Évêque avait dit dans son homélie : « C'est une honte, il y a dans notre ville un jeune de dix-sept ans qui est en prison à cause de sa foi. » C'est peut-être le bibliothécaire de la prison et/ou l'aumônier, qui m'avait visité une fois dans ma cellule, qui a informé l'Evêque ? Je n'en sais rien. Quoiqu'il en soit, ils revenaient toujours avec les mêmes accusations et, bien sûr, le même traitement musclé. J'avais les joues coupées à l'intérieur, quelques dents cassées et toutes les dents branlantes (cela s'est raffermi par la suite), la tête en feu, les oreilles qui me bourdonnaient de sorte que je ne pouvais plus bien entendre, excepté les hurlements des hommes de la Gestapo. Les parties sexuelles, enflées, étaient très douloureuses : pour marcher il fallait que j'écarte les jambes – ceci du fait que l'un des officiers avait trouvé le malin plaisir de m'écraser les pieds avec sa botte (juste chaussés des savates en toile de la prison), en me tirant le nez en l'air pour me donner ensuite des coups de poing, des gifles à gauche, à droite et ainsi de suite, tandis qu'il me donnait en même temps un grand coup de genou dans les parties.

À d'autres moments, ils étaient plus doux et me promettaient que si je disais oui, tout serait effacé et que j'aurais un avenir prometteur et glorieux dans la Wehrmacht, etc. Et aussi des questions, comme : « Qu'est-ce que vous feriez si les bolcheviques venaient pour tirer sur nous ? »

Durant ces interrogatoires, je répondais souvent avec un verset de la Bible. Un jour, l'un des agents de la Gestapo me demanda : «Vous avez une Bible dans votre cellule ?» - « Oui. » - «Ah ! on verra cela, on y fera bon ordre ! »

Il me reconduisit à la prison, à pied et en tram (je devais comme d'habitude marcher devant lui, et il me disait : « À droite ! », « À gauche ! », «Tout droit ! »...) ; arrivé dans le hall d'entrée de la prison, il parla avec le gardien. Ce dernier monta par l'escalier au bout du hall, en face. Je compris tout de suite qu'il lui avait donné l'ordre d'aller dans ma cellule et de ramener ma Bible. Au bout d'un moment, le gardien redescendit et, arrivé en bas de l'escalier, je le vis faire un signe de tête négatif à l'homme de la Gestapo. Je n'ai pas entendu ce qu'ils se disaient. Il fit appeler alors un autre gardien pour me surveiller et le gestapiste monta avec le gardien. Après un long moment, ils redescendirent, le gestapiste me regarda d'un air plutôt coléreux, et s'en alla.

Je fus reconduit à ma cellule. Là se trouvait ma Bible (allemande, car je n'avais pas pu avoir ma Bible française), sur la petite planche contre le mur, avec un Nouveau Testament près du broc d'eau et de la gamelle. Il faut dire que dans cette prison une ordonnance qui datait depuis longtemps autorisait chaque détenu à avoir un Nouveau Testament de la Bibliothèque de la prison. C'est ainsi qu'à mon arrivée à la prison les gardiens avaient voulu me confisquer la Bible, sous prétexte que tout livre était interdit. Mais j'insistai pour la garder avec moi, et finalement, en l'ouvrant et la feuilletant, un des gardiens dit à l'autre : « C'est une Bible, il peut la garder ». Deux ou trois jours après, le bibliothécaire ou aumônier entra dans ma cellule, me posa quelques questions, et m'apporta un Nouveau Testament. Le gestapiste n'avait rien vu ! Et j'ai constaté que le sac de la paillasse qui contenait du varech et faisait fonction de matelas, avait été ouvert tout du long sur le côté ! Ils avaient fouillé à l'intérieur pour voir si ma Bible n'y avait pas été cachée, mais bien sûr ils n'ont rien trouvé ! Le matelas se trouvait dans un cadre de fer qui était relevé contre le mur le matin, et un gardien venait pour le verrouiller. Le soir, il venait l'ouvrir pour que je puisse me coucher.

Au dernier interrogatoire, après que plusieurs sbires de la Gestapo se furent succédés comme d'habitude, un officier me dit : «Vous ne voulez pas vous soumettre ? Nous avons maintenant joué avec vous assez longtemps. Vous devez donner votre réponse finale. Nous vous donnons deux ou trois jours de réflexion, et si vous êtes prêts, vous n'avez qu'à le dire à l'un des gardiens de la prison. Si c'est non, et que vous ne notifiez rien aux gardiens, vous savez ce qui vous attend : vous serez fusillé», et aussi : «Vous voulez être un martyr, etc.» et finalement : «Vous serez bien un martyr, mais pas comme vous le pensez ! »

Ce n'était pas des moments faciles, mais j'avais confiance en mon Sauveur, je savais que j'étais entre ses mains, non entre les mains de la Gestapo, et que je n'avais rien à craindre. Ainsi, je n'ai rien répondu.

Et voilà que le 21 novembre 1942, deux gardiens entrèrent dans ma cellule et me tendirent un papier, feuille de format A4, de couleur rose, que je devais lire et ensuite signer – ils avaient aussi apporté un encrier et une mauvaise plume : «Vous lisez et signez que vous avez connaissance de ce document et nous reviendrons plus tard pour prendre cette feuille».

C'était un ordre de détention (*Schutzhaftbefehl*) dont j'ai rapidement recopié l'essentiel (avec cette mauvaise plume) sur un bout de papier. J'avais un bout de papier (10x17cm) car en cellule il fallait, du matin au soir (juste un arrêt d'une demi-heure ou une heure à midi pour la soupe), plier, coller, et confectionner (travail à la chaîne d'une cellule à l'autre) des cornets à farine pour un moulin (*Über 70 Jahre, Mennton Mehl!*, «Depuis plus de 70 ans, la farine Mennton!»). C'étaient des cornets doublés à l'intérieur. Je mis la copie dans ma Bible allemande.

Pourquoi alors n'ai-je pas été condamné à mort et fusillé, comme c'était bien l'intention de la Gestapo? Bien des jeunes Alsaciens ont été fusillés pour cette raison; on n'en parle pas beaucoup (surtout dans le Centre de la France). Le *Schutzhaftbefehl* avec en-tête de la *Geheime Staatspolizei* (Gestapo) et quelques numéros, daté du 16 novembre 1942, disait, après mon nom, date de naissance, domicile :

Est mis en détention sous protection

Motifs : D'après les résultats des recherches de la police de l'État, il met par son attitude l'existence et la sécurité du peuple et de l'État en danger, du fait qu'il se place intentionnellement en dehors de la communauté du peuple en refusant, en raison de sa position religieuse fanatique de prêter serment au *Führer* et de servir dans l'*Arbeitsdienst* ainsi que dans la Wehrmacht, provoquant ainsi de graves troubles dans la population, en laissant craindre qu'il entreprendra, après mise en liberté, d'affaiblir l'unité du front intérieur.

Cette mise en détention « sous protection » est un terme que les gardiens comprenaient bien. Il faut dire que je ne suis jamais passé devant un tribunal quelconque – cela signifiait que je devais être éliminé. En sortant de la cellule, après avoir repris la feuille et l'encrier, ce gardien âgé dit à l'autre gardien : « Maintenant ce gamin a aussi reçu ce papier ! » Ils savaient que je pouvais à tout moment être pris le soir ou la nuit par la Gestapo, amené dans la cour (un coup de feu et c'était fini) ou emmené on ne sait où. Suspense pendant les jours suivants. Car parfois on entendait après 8 heures ou 9 heures du soir, des pas, un remue-ménage, une cellule qui s'ouvrait, des ordres donnés ; un détenu était emmené (les gardiens ne savaient où) ou bien conduit dans la cour de la prison pour être mis à mort.

J'aurais dû être fusillé, comme la Gestapo me l'avait bien dit. D'autres dans mon cas l'ont été. Par exemple, treize jeunes de Ballersdorf (Haut-Rhin) avaient cherché à passer, de nuit, la frontière vers la Suisse. Mais ils avaient été interpellés, et il y avait eu une échauffourée. Je crois que l'un d'eux a été tué sur place ; treize ont été pris, et un seul a réussi à passer en Suisse. Les treize ont été amenés à Strasbourg, et lors d'un procès, condamnés à mort. Lorsque j'étais au camp de concentration du Struthof, ils ont été amenés et fusillés dans la carrière de sable en février 1943. Je les ai vus quand on les y a conduits. Exactement une semaine plus tard, trois autres hommes ont été fusillés. D'après ce que j'ai pu comprendre, l'un était le frère de celui qui avait réussi à atteindre la Suisse[21].

D'autres qui avaient refusé de servir dans la Wehrmacht ont été fusillés. Un jeune du Bas-Rhin. J'avais la copie de la lettre qu'il écrivit à sa sœur Mathilde avant d'être fusillé.

---

[21] Arrêtés le 17 février 1943, ils furent condamnés à mort par le *Sondergericht*, fusillés au KL-Natzweiler-Struthof, fusillés dans le dos, par un peloton de quinze gardiens. Le *Gauleiter* voulait faire de ces jeunes un exemple pour la population. Trois autres réfractaires furent encore fusillés le 24 février et deux le 17 mars. Voir Robert Steegman, *op. cit.*, p. 265.

Je n'ai compris qu'après la guerre (mon père l'avait entendu) que cela devait être lié à l'Évêque, qui, dans la cathédrale de Fribourg, avait mentionné l'attitude courageuse de ce jeune homme dans l'*Arbeitsdienst* ayant refusé de prêter serment à Hitler à cause de sa foi vivante en Jésus-Christ, son Sauveur. Il avait alors ajouté dans son sermon : «Tous les jeunes gens qui croient en Jésus-Christ comme leur Sauveur devraient prendre par la foi la même position de témoignage. » Comment avait-il eu connaissance de mon cas ? Probablement par des chrétiens. En effet, lorsque j'étais en cellule à Vieux-Brisach, le sous-officier de garde (la cellule se trouvait juste derrière le poste de garde à l'entrée du camp) était entré dans la cellule et m'avait dit : «Vous connaissez des gens ici, dans la ville ?» - « Non. » - « Il y a pourtant deux jeunes filles, deux belles jeunes filles (de dix-huit ou vingt ans) qui ont demandé à vous rendre visite. Je leur ai dit que c'était impossible, que vous étiez en cellule, en arrêt sévère. » - « Pourquoi ? » ont-elles demandé, « il n'a pourtant rien fait de mal ! » - « Si ! Il est en arrêt sévère ! » - « On verra ça, vous ne savez pas qui nous sommes ? Notre père est le maire de Vieux-Brisach ».

Peut-être était-ce le bibliothécaire de la prison de Fribourg qui en avait parlé. Il était entré dans ma cellule le lendemain ou le surlendemain de mon arrivée. Il était au courant, par les gardiens, que j'avais insisté pour garder ma Bible. Quand le bibliothécaire était venu dans ma cellule, je lui avais témoigné ; j'ai vu qu'il était fortement impressionné. Peut-être en a-t-il parlé à l'Evêque ?

Toujours est-il que la Gestapo m'accusait d'avoir eu des contacts à l'extérieur et ils n'ont probablement pas osé me fusiller à Fribourg, pour ne pas courir le risque de créer des réactions négatives dans la population. C'est ainsi que j'ai reçu le *Schutzhaftbefehl*. Et que le lendemain de mes dix-huit ans (le 27 novembre), tôt le matin, j'ai été sorti de la prison, avec rien d'autre que les très légers vêtements de la prison (veste et pantalon) et des savates de toile aux pieds. «Vos affaires sont envoyées là où vous allez.» - «Où ?» - «Nous ne savons pas» fut la réponse.

Ils me présentèrent une facture pour hébergement, nourriture, etc., durant ces deux mois dans la prison ! «Je n'ai pas d'argent, à part quelques marks que j'avais sur moi et que vous m'avez confisqué.» - «Oui, répondirent-ils en riant, mais cela ne règle pas la facture, vous pensez bien ! Il faut alors que vous donniez l'adresse de vos parents ou de quelque autre personne qui paierait pour vous ! » - «Vous n'allez tout de même pas demander à mes parents de payer, ils n'ont rien à voir dans cette affaire (je savais que mon père avait été arrêté par la Gestapo, le 1er novembre, et emprisonné)[22]. Et en plus, pendant ces presque deux mois entiers, j'ai travaillé du matin au soir, avec seulement une pause d'une demi-heure à midi, à confectionner des cornets pour la farine. Vous n'avez qu'à vous payer là-dessus ! » Ils ont fait

[22] Ne voulant pas porter l'uniforme allemand, Émile Krémer, Garde général et adjoint de l'inspecteur des Eaux et Forêts, demande une mise en disponibilité, qu'il obtient grâce à sa mauvaise santé et à la complicité d'un médecin. Cela lui valut d'être interpellé une première fois par la Gestapo. Il continue, malgré une assignation à résidence, d'« annoncer la Parole de Dieu en Alsace, en Lorraine et en Bade, en vue d'exhorter, dans les réunions, les gens à être des témoins vivants de Jésus et de la victoire de la Croix contre toutes les puissances des ténèbres et à ne pas suivre le mouvement politique de Hitler, en particulier contre les Juifs. » (*Tout est possible à Dieu*, Tours, Évangile pour Tous, date inconnue, p. 23). Le 1er novembre 1942, suite à une dénonciation, il est arrêté et conduit aux prisons de Colmar, puis Sarrebourg, Sarreguemines et Metz, où il reste du 18 février au 16 décembre 1943. Son procès public a lieu le 15 octobre 1943. Pour plusieurs raisons, dont son témoignage excentrique aux yeux des autorités, il fut acquitté et conduit à l'Asile psychiatrique de Lorquin, ce qui le fit échapper à la déportation. Il s'en évada en 1944.

le calcul entre eux et n'ont plus rien dit. C'était comme ça dans les prisons allemandes ! Mon père, qui avait été emprisonné après moi a dû payer son hébergement dans les prisons où il était passé, alors qu'il faisait en cellule un travail de bourrelier.

Je fus placé dans un fourgon cellulaire, amené vers la gare de marchandise, et mis dans un autre wagon cellulaire. Après une attente d'une heure ou plus (et il gelait fort, -5°C au minimum) : il fut accroché à un train et trimballé toute la journée, avec plusieurs arrêts, pour arriver le soir vers 21 heures dans une ville. Du fourgon, j'ai pu voir qu'on était à Karlsruhe, amené et mis dans une cellule de la prison. Rien à manger ! Lorsque j'ai demandé, ils m'ont répondu : «Vous n'êtes pas encore compté dans les effectifs. Demain, vous aurez à manger.» Le lendemain matin, c'était juste un morceau de pain et leur *Kaffeeersatz* (succédané de café) – au moins quelque chose de chaud ou de tiède. Et tout de suite après, de nouveau fourgon cellulaire, train, jusqu'au soir, et à nouveau une prison – je n'ai pas pu voir où nous étions. Même scénario le lendemain – et ceci jusqu'au 1er décembre.

La Gestapo pensait que j'allais mourir de froid ou de faim (le wagon n'était pas chauffé), ainsi ils se débarrasseraient de moi en douce. « Il est mort pendant son transfert, etc. » Le 1er décembre au soir, j'ai constaté, une fois dans le fourgon et conduit à nouveau dans une prison, que je me trouvais dans les rues de Strasbourg ! Le lendemain – 2 décembre – le matin tôt, pain et *Kaffeeersatz* et à nouveau train. Cette fois, j'ai constaté que nous montions dans la vallée de la Bruche, via Molsheim, Schirmeck, Rothau puis les voies de triage – toujours dans le gel (-10°C, -15°C) et la neige. De là, vers le camp de concentration de Natzweiler-Struthof où je devais aussi périr misérablement.

Chapitre 2

Natzweiler-Struthof[1]

Arriver

Dès la sortie du train et la mise en rang, j'étais particulièrement désigné, noté, sur la liste des détenus qui arrivaient, moi et un autre, que je ne connaissais pas et que je n'ai plus revu par la suite.

---

[1] Le KL-Natzweiler est ouvert par les nazis, le 1er mai 1941, au lieu-dit «Struthof», en Alsace annexée. Il s'agit d'un camp de concentration de catégorie III, soit l'un des plus sévères du système. Constitué d'un camp souche et d'une nébuleuse de camps satellites des deux côtés du Rhin, il sert rapidement à l'industrie de guerre allemande. Il sera le lieu d'internement de 52000 détenus; 22000 n'en sont pas revenus, décimés par les travaux forcés, le climat, les expériences scientifiques, les marches de la mort... Plus de la moitié des décès (54,3%) surviennent avant trois mois de détention, et 81,6% lors des six premiers mois (d'après Robert Steegman, *op. cit.* p. 307-308.)

Il y avait des détenus avec la mention *NN* (*Nacht und Nebel*[2] : « Nuit et brouillard ») c'est-à-dire ceux qui devaient disparaître sans que personne ne sache jamais où et comment. Mais il y avait aussi le *K* (*Kugelerlass*[3]), c'est-à-dire l'« Ordonnance du boulet », signe qui était probablement en face de mon nom. Car à l'appel des noms, où chacun devait se présenter devant le SS au milieu des rails, l'officier montra la liste à celui qui était à côté de lui et me désigna du doigt. *K* signifiait que l'on pouvait m'abattre pour une raison ou pour une autre.

En effet, une fois en rang et amenés au-delà des rails vers un fourgon qui se trouvait là, je fus pris brusquement par un SS (l'autre aussi)

---

[2] Le statut de « Nuit et brouillard » résulte d'un décret de décembre 1941. Il vise les résistants qui vivent dans les territoires occupés par l'Allemagne nazie (France, Pays-Bas, Norvège, etc.). Selon le décret, le camp de Natzweiler est désigné pour recevoir tous les NN d'Europe.

[3] Décret allemand secret du 2 mars 1944, stipulant, en contradiction avec la Convention de Genève, que les prisonniers de guerre évadés et repris, en particulier les officiers et sous-officiers, devront être remis au *Sicherheitsdienst* (Office central de sécurité du Reich) et pendus au camp de concentration de Mauthausen. Entre 1 500 et 5 000 militaires alliés seront ainsi exécutés – en grande majorité des Soviétiques. Ce n'est pas le cas de Jean-Paul Krémer.

et nous avons été placés chacun dans une petite cellule étroite (fermée à clef) à l'avant du fourgon. Nous étions en tout cas moins serrés que les autres qui ont dû à nouveau entrer, poussés par les SS, pressés comme des sardines en boîte. Il commença bientôt à faire chaud, nous transpirions. Après une longue attente, le fourgon se mit en marche. Les autres, dans le fourgon, avaient peur ; c'était pour la plupart des partisans polonais ou ukrainiens. Certains, qui parlaient un peu allemand, essayaient de faire comprendre que nous allions tous êtres gazés. C'était en effet la pratique utilisée en Ukraine et en Pologne : les prisonniers étaient mis dans un fourgon à l'intérieur duquel on faisait arriver les gaz d'échappement. À la fin du voyage, ils n'avaient qu'à sortir les cadavres !

Je pus voir, par une ouverture grillagée qui donnait sur la cabine du chauffeur, que nous prenions une petite route qui montait. J'ai tout de suite compris que nous n'allions pas à Schirmeck[4], mais au Struthof (*Konzentrationlager Natzweiler*, du nom d'un hameau en contrebas du

[4] Le camp de « rééducation » de Schirmeck est ouvert en juillet 1940 ; environ 15 000 Alsaciens y font un séjour de quelques jours à plusieurs mois.

camp). J'avais en effet entendu par Mlle Hélène H., qui était domestique dans la maison familiale, qu'il existait un camp de prisonniers au lieu-dit Struthof (à 800 mètres d'altitude), où les Strasbourgeois venaient, avant la guerre, pour skier en hiver et faire des excursions en été. Il y avait un hôtel et une salle de dance. Elle racontait que personne n'avait le droit de s'en approcher, mais que les gens du village entendaient des hurlements et des cris, et que les prisonniers étaient horriblement maltraités. Personne ne savait qui étaient ces prisonniers : l'on supposait qu'il s'agissait de soldats allemands rebelles ou déserteurs. Tous les mouvements des groupes de travail se faisaient en colonnes de cinq et au pas, « Gauche-droite gauche-droite ! », « Halte ! », « Garde à vous ! », etc. Des pancartes avertissaient qu'on tirait sur toute personne franchissant cette limite !

Et c'est effectivement là que nous sommes arrivés vers 11 heures. Après un temps d'attente, le fourgon s'ouvre et les SS hurlent : « Dehors ! Dehors ! Vite ! » (*Raus! Raus! Schnell!*). Tous titubent au dehors, subitement transis par le froid, glissent dans la neige, tombent, sont roués de coups. Un SS entre, ouvre les deux cellules d'où nous sommes littéralement catapultés à coups de bottes. Nous titubons, éblouis par la neige et transsis par le froid. « En rang par cinq ! » – accompagnés de coups de bottes et de crosses de fusils. Ces Ukrainiens ne comprenaient pas les ordres et j'essayais d'en guider quelques-uns. Je me mis bien au milieu – et pas sur les bords, car ceux-là recevaient plus de coups. Une fois tout le groupe péniblement mis en rang par cinq, il fallut avancer au pas (Gauche-droite !) jusqu'à l'intérieur du camp, et là, se mettre à nouveau au garde-à-vous.

Et voilà qu'un officier SS m'empoigne du milieu du groupe ainsi que l'autre, et nous ordonne de monter sur le talus, à un mètre de hauteur, dans la neige, le vent, le froid, le nez devant la clôture de barbelés électrifiés, avec ordre de ne pas bouger, de ne pas nous retourner, « sinon c'est votre mort ! » Après un moment, les autres s'en allèrent. Nous restâmes tous les deux, là, à dix mètres de distance, pendant plus de deux heures, dans la neige, sans bouger, grelottant de froid (moi-même juste vêtu d'un mince pantalon et veste de la prison, avec des savates de toile aux pieds). J'entendais le déclic de manipulation des fusils sur le mirador pas loin ! J'avais déjà constaté qu'il y avait des fils de fer barbelés qui étaient fixés sur des plots en porcelaine, et l'on entendait le bourdonnement de l'électricité.

Au cours de bien des circonstances et situations par la suite, au Struthof et à Buchenwald, j'ai bien constaté que j'étais particulièrement désigné aux SS pour être éliminé[5]. Mais Dieu m'a gardé. Je n'ai jamais revu l'autre détenu.

Finalement, un SS nous fait descendre du talus et marcher dans la neige à coups de crosse, vers le bas du camp. Dans une baraque sombre, nous devons également nous déshabiller et rejoindre les autres. Nous attendons. Des pommeaux au plafond nous giclent de l'eau froide dessus. Rire des SS qui nous observent, puis tout à coup, un SS s'en prend à un jeune Russe (qu'il avait reconnu comme un qui s'était évadé, nous l'avons appris plus tard), le force à se mettre sous la douche (il avait essayé de se mettre un peu sur le côté), lui donne des coups de bottes et prend un tuyau qu'il dirige sur le pauvre Russe ; son corps devient tout bleu. Il se relève et le jet puissant le renverse à nouveau ; c'était effrayant à voir et

---

5 Au moment où Jean-Paul Krémer arrive à Natzweiler, le taux de mortalité est à son plus haut dans les KL, ce qui inquiète la SS-*Reichsabteilung*. Le 20 janvier, une circulaire est envoyée à tous les commandants qui leur impose de la faire baisser. La préoccupation n'est pas humanitaire, mais économique, car il faut conserver la main d'œuvre. On constatera une baisse des décès au cours de l'année 1943.

nous aussi nous prenions des giclées de cette eau froide. Le jeune Russe, nous l'avons appris plus tard, a été mis dans une cellule « clapier à lapin », dans laquelle il est resté trois ou quatre semaines, puis a été pendu devant nous lors de l'appel du soir.

Ensuite, nous attendons debout, nus, jusqu'à ce que nous soyons introduits dans une autre salle pour être tondus (cheveux et tous les poils du corps), puis on nous plonge dans une cuve d'eau froide avec un fort désinfectant, qui nous pique les yeux, la tête, et tous les endroits rasés. Ensuite, dans une autre chambre – avec nos habits à la main – devant des officiers SS qui se tiennent derrière une longue table. On y dépose nos vêtements ; plus loin un autre SS nous demande argent, portefeuille, montre, bijoux, bagues…

À moi, il dit d'un ton furieux : «Vous n'avez pas d'argent ? Pas de montre ?» - « Non je viens de la prison de Fribourg, tout m'a été pris lorsque je suis arrivé là-bas » ; cela l'a calmé un peu. Ensuite, un SS qui avait une spatule de bois fouille notre bouche, que nous devions ouvrir toute grande, pour ensuite faire demi-tour, nous courber en avant, écarter les fesses avec nos mains et tousser, pendant que les SS fouillaient dans l'anus pour s'assurer qu'il n'y avait rien de caché ! Et ensuite le suivant, avec la même spatule dans la bouche (oui ! et cela donnait un drôle de goût, je vous assure !!) et dans l'anus.

C'est le *Rottenführer* Simon qui avait institué cette méthode[6] et faisait écarter les fesses en toussant. « Comme cela, m'a-t-il dit deux mois plus tard, il est impossible que quelqu'un garde quelque chose de caché ».

Ensuite, nous avons reçu une chemise (sans col), un pantalon et une veste de toile rayée (rayures grises ou bleues), une paire de sabots, de chaussettes et deux bouts de tissus sur lesquels était imprimé un numéro matricule (1 670 pour moi) et deux triangles rouges (= politique ; le triangle vert était pour les criminels, le noir pour les bohémiens et les *arbeitsscheu*[7], violet pour les té-

[6] Ce procédé dégradant, associé à tous les autres, s'inscrit dans la logique de répression et de déshumanisation des camps. Il contribue (à côté de la terreur, de l'arbitraire, et du système pervers des faveurs et des humiliations), à maintenir une hiérarchie stricte entre les détenus et les SS, qui conditionne l'obéissance d'une masse mouvante de plusieurs milliers d'individus.

[7] Détenus « asociaux » ; la Gestapo faisait entrer n'importe qui dans cette catégorie : proxénètes, alcooliques, simples d'esprits, « paresseux », etc. L'« univers concentrationnaire »,

moins de Jéhovah, rose pour les homosexuels et pour les juifs il y avait un autre triangle avec la pointe en haut et placée sur le premier triangle.) Il faut mentionner que dans les camps nazis, il n'y avait aucun détenu français avec le triangle rose. Si, il y avait, peut-être, des homosexuels parmi les Français qui arrivaient dans le camp, ce n'était pas pour ce motif qu'ils avaient été arrêtés. Les quelques triangles roses étaient allemands, condamnés à des peines de prison, et lorsque les prisons étaient surchargées, ils ont été envoyés dans les camps de concentration pour y travailler.

Sur ce triangle, il y avait une lettre – par exemple R pour les Russes, P pour les Polonais, T pour les Tchécoslovaques, B pour les Belges, F pour les Français mais il n'y avait pas de Français au Struthof à cette époque. Pour ceux de nationalité allemande, il n'y avait rien. Pour moi

clos sur lui-même, a ses règles, ses catégories et son organisation, qu'il faut assimiler très vite. Une partie de la gestion ordinaire du camp est déléguée à des détenus : soit « verts » (droits communs, criminels, dont la plupart représente « les pires éléments de la population » selon Eugen Kogon), soit « noirs » (asociaux). Ce système repose sur une surveillance mutuelle et crée un climat de méfiance, renforcé par la peur des punitions collectives. Pour maintenir leurs privilèges, les « Kapos » abusent sauvagement de leur autorité.

de même, car l'Alsace-Lorraine étaient considérée comme territoire allemand. Ceci par la suite m'a valu bien des ennuis de la part des officiers SS car lorsqu'ils voyaient un *Häftling*[8] allemand, jeune en plus, ils m'interpellaient ; il fallait alors se mettre au garde-à-vous, enlever son couvre-chef et décliner son numéro (*Schutzhäftling 1 670 meldet sich!* : « Le détenu 1 670 répond ! ») Ils me demandaient : « Pourquoi êtes-vous ici ? » Je répondais la vérité : « Parce que j'ai refusé de prêter serment à Hitler, et refusé de servir dans la Wehrmacht. » Cela les rendait furieux : « Un jeune comme vous, vous devriez être sur le front russe et combattre contre les bolchéviques, etc. » Et ces officiers SS m'avaient à chaque fois à l'œil et cherchaient à me nuire.

Des anciens détenus allemands, plus âgés, me disaient : « Ne leur dit pas ça, invente n'importe quoi d'autre, sinon ça va mal se passer pour toi » - « Non je dirai toujours la vérité. » Et de toute façon, ils avaient mon dossier à la Gestapo.

Pour en revenir à ce premier après-midi au Struthof, nous avons été conduits après une autre attente dans différents Blocks où l'on nous a donné une aiguille et du fil, et nous avons dû

[8] Détenu.

coudre triangles et matricules sur la poitrine, côté gauche de la veste et sur le pantalon côté droit, sur la cuisse. Sur ce, les détenus du camp sont rentrés de leur travail pour recevoir leur morceau de pain (au Struthof c'était le soir, à Buchenwald le matin). Mais nous, les nouveaux, n'étions pas encore comptés dans le nombre des rations – seulement à partir du lendemain. Au lieu de recevoir à manger, nous avons dû sortir dans le froid et la neige, nous mettre en rang, et pendant plus d'une demi-heure faire l'exercice « Garde-à-vous ! » et *Mützen ab! Mützen auf!*[9]

Tout devait être synchronisé / rythmé en même temps, et surtout le couvre-chef claqué d'un seul coup sur le côté de la cuisse, d'un seul coup pour toute la section – et ainsi être prêts lorsque tous les détenus des Blocks sortaient pour l'appel, placés en rang sous les plateformes entre les baraques. Car lorsque les officiers SS venaient, il fallait être bien en rang, alignés, et se mettre au garde-à-vous et sur le commandement *Mützen... ab!*, il fallait claquer notre calot ensemble, en même temps, sur la cuisse. Et gare à nous si le SS entendait des « Clac ! Clac ! Clac ! » échelonnés ou que le « Clac ! » n'était pas assez fort !! Il fal-

[9] Enlever son couvre-chef (ou calot) puis le remettre, etc.

lait répéter deux, trois, quatre fois. Et alors, si cela ne marchait pas (et cela arrivait souvent, surtout avec les nouveaux arrivants, fourbus de fatigue, affamés, transis de froid)[10], il fallait par exemple s'accroupir par terre, étendre les bras à l'horizontale devant nous, et rester ainsi un quart d'heure, voire une demi-heure. Vraiment pénible, surtout à cause du froid et du gel. Alors que nous étions fatigués, il fallait rester là, au garde-à-vous, le calot à notre main droite le long de la cuisse, jusqu'à ce que les SS nous aient comptés (cela durait parfois deux ou trois heures dans le gel et la neige, le vent glacial qui balayait le camp – car le camp était sur le versant nord), et jusqu'à ce que nous recevions l'ordre d'aller dans nos Blocks.

Oui, ce qui frappait ce soir, lors de l'appel général (comme d'ailleurs tous les soirs, ainsi que le matin et à midi), c'était, mis à part les cris des SS, le silence absolu. Un silence de mort qui règne. Sous la lumière des projecteurs, on entend juste le

---

[10] Après le « rite de déshumanisation » de l'arrivée, le détenu est confronté à la discipline SS, codifiée jusqu'à l'absurde, appliquée de manière chicanière, prétexte à toutes les brimades, vexations, et violences. La SS s'appuie sur ce « code de dressage humain » pour asseoir son pouvoir absolu et « avilir de manière permanente et vicieuse. » Voir Robert Steegman, *op. cit.*, p. 253-257.

crissement des sabots sur la neige pour se mettre en rang. Bien sûr il y a les ordres aboyés *Stillgestanden!* (« Garde à vous ! »), *Mützen ab!*, mais autrement, un silence total alors que tout le camp est au garde-à-vous dans la neige, avec le vent glacial et le froid (-10°C et bien plus).

Dans ce silence absolu, j'observai à la dérobée l'allure des co-détenus : le spectacle des rangées alignées au cordeau et ses corps amaigris flottant dans des défroques légères de bagnards, les regards fixés dans le vide, hagards, complètement absents de tout ce qui se passe, indifférents à tout, agissant comme des automates aux ordres reçus. Je le vis de manière plus flagrante encore le lendemain après l'appel, en regardant ces « hommes », des êtres sans noms et hébétés – ce que nous étions déjà nous-mêmes – qui se regroupaient pour les *Kommandos* de travail, se mettant en rang et marchant au pas, exécutant les ordres d'un geste automatique et subi.

Il faut aussi mentionner que ce premier soir, le commandant Kramer[11] s'est présenté et nous a fait

[11] Joseph Kramer (1906-1945) succède à Egon Zill à la direction du Struthof (*Lagerkommandant*). D'abord nommé *Schutzhaftlagerführer* en avril 1941 (« chef du camp de détention », c'est-à-dire second du commandant), il occupe le poste de comman-

un discours (assez brutal et d'un ton où l'on ressentait toute sa haine contre nous), en nous faisant comprendre que nous étions des *Häftlinge* qui n'étaient pas dignes de vivre, et que pour nous c'était le travail, la discipline, l'obéissance, et que surtout nous ne devions pas envisager de nous évader, car toute tentative serait punie de mort par pendaison.

À Buchenwald aussi, l'officier SS annonçait dans son discours aux nouveaux arrivés : « Il n'y a pas de chemin de sortie, le seul chemin c'est là-haut, en fumée » et il faisait signe de la main vers la cheminée du crématoire. En décembre 1942, il n'y avait pas encore de crématoire dans le camp du Struthof. Par la suite, juste un appareil mobile près de la ferme, avant qu'il ne soit installé dans le camp.

Oui, ce qui impressionne, voire terrorise, lorsque l'on est jeté dans un camp de concentra-

---

dant d'octobre 1942 à mai 1944. Né dans une famille de la petite bourgeoisie catholique de Munich, il est décrit comme particulièrement « efficace » dans son rôle, « sûr, au sang froid », dépourvu de sentiments devant son devoir. Il règne sur chaque détail de la vie des détenus, participe au matage des NN français, organise les expériences médicales dans le camp, qui impliquent le gazage de 86 juifs. Envoyé à Birkenau en mai 1944, il dirige encore la destruction de 350 000 juifs hongrois.

tion (ne sachant pas à l'avance où l'on va), c'est l'interrogation de ce qui va nous arriver, c'est la grande brutalité, les hurlements et les ordres donnés par les SS. Comme déjà mentionné à l'arrivée : ordre de se mettre en rang par cinq accompagné de coups de crosses de fusils, coups de poing sur le visage. Ils demandaient une discipline comme à l'armée, une obéissance stricte et immédiate aux ordres. Et bien sûr cela n'allait jamais comme ils voulaient, ce qui provoquait encore des hurlements et des coups.

Et puis par la suite, voir le visage des détenus, résignés, sans expression, se mouvant comme des marionnettes en cadence, au pas, au garde-à-vous impeccable, mais comme des morts-vivants – certains vraiment maigres.

Oui, brisés dans le corps d'une façon brutale et barbare et surtout brisés dans l'esprit, ce qui était peut-être encore pire. Pour arriver à un tel résultat –et c'est ce que les tortionnaires SS voulaient –, c'était une œuvre d'un tel raffinement calculé, qu'il est à peine croyable pour ceux qui n'ont pas été en camp de concentration, surtout dans les années 1942-1943.

Ainsi quel soulagement (relatif) lorsque le premier soir (ou plutôt la première nuit car il devait être 10 h 30 ou 11 heures) nous pûmes enfin aller dans les Blocks pour nous coucher (dans un dortoir non chauffé), cela après avoir laissé nos pantalons et nos vestes bien pliés sur le banc, avec les numéros bien visibles sur le devant. Car il fallait entrer dans le « dortoir » sans chaussures ou sabots, sans chaussettes, et vêtus uniquement de notre chemise. J'étais frigorifié (il n'y avait qu'une petite couverture), n'ayant pu me réchauffer.

Je me rappelle d'ailleurs qu'après l'appel, le *Schreiber*[12] est venu pour inscrire les noms et matricules sur la liste du Block. D'autres Allemands, prisonniers politiques (depuis 1933 parce que communistes), m'ont alors demandé pourquoi j'étais là, et pourquoi j'avais été mis au garde-à-vous sur le talus à dix centimètres des barbelés électrifiés : «As-tu cherché à t'évader ?» - « Non c'était impossible ». Je leur ai raconté en quelques mots mon parcours ; et ils ont eu pitié de moi et ont trouvé quelque chose à manger. Ils m'ont pour ainsi dire pris sous leur protection, surtout vu mon jeune âge. Ils m'ont aussi demandé : « Et tes parents ? » - « Mon père a été arrêté par la Gestapo, après moi, en novembre 42, et il est en prison. »

[12] Détenu préposé aux écritures.

Le matin, après s'être lavé, torse nu, dans le *Waschraum*[13] (où il y avait deux éviers ronds, avec, au centre, une colonne distribuant des jets d'eau froide), nous devions endosser nos vêtements et recevoir le bol de café (qui n'en était pas). Si nos vêtements avaient été mouillés par la neige, ils étaient rigides à cause du gel.

Le soir, c'était généralement une tisane, qui n'en était pas réellement non plus (sauf parfois à Buchenwald, une tisane de thym car les détenus allemands, avec l'accord des SS bien sûr, en avaient planté sur des plates-bandes entre les Blocks). Car le soir, les détenus du *Kommando* de la cuisine devaient nous nourrir avec ce que les SS faisaient entrer dans le camp : des rutabagas, parfois quelques pommes de terre. Parfois, des camions entraient avec des carcasses qui provenaient des boucheries (elles sentaient déjà) ; elles étaient plongées dans de grandes marmites : il y avait encore « un peu » de viande attachée aux os. Puis ces carcasses étaient à nouveau chargées sur des camions pour être amenées dans les usines d'engrais ou de colle (rien ne se perdait en Allemagne).

De même le pain militaire allemand (une brique rectangulaire) provenait en général du

---

13 Salle d'eau.

surplus de l'armée, car souvent il y avait des moisissures vertes sur la croute (couverte de sciure de bois, pour épargner la farine) et les cuisines distribuaient tant de miches selon les effectifs de chaque Block. Et ce sont les ...[partie illisible] qui devaient couper et diviser ces miches en cinq, six, ou plus pour constituer les portions individuelles.[14]

Travailler

Le lendemain matin, réveil à 5 heures, et tout de suite après l'appel, nous avons été affectés à des équipes de travail[15] – la plupart à la car-

[14] «La faim est la première des souffrances». Les rations, notoirement insuffisantes, font de la nourriture «une hantise qui tourne à l'obsession» et ne permettent pas aux corps de supporter la charge grandissante de travail.

[15] La population des internés représente une masse servile qu'il s'agit d'exploiter au maximum. Le travail a une double fonction : répressive («microcosme d'une société esclave», le KL préside à l'«extermination par le travail» des détenus) et économique (la main d'œuvre à disposition sert la puissance des maîtres SS, qui ont leurs propres entreprises et intérêts financiers). À partir de 1941, les choses évoluent et les KL sont sollicités pour l'effort de guerre ; de nombreux camps satellites de Natzweiler vont être créés et l'organisation est revue pour correspondre aux nouveaux besoins. Jusqu'en oc-

rière de Steinbruch[16], où ils se rendaient à pied, en formations de cinq, sur le chemin enneigé et verglacé. Moi-même, avec d'autres, j'étais affecté à un *Kommando* pour déblayer la neige sur la route d'accès. La neige entrait forcément dans les sabots et il ne fallait pas s'arrêter de balayer ou pelleter la neige vers le fossé pour ôter un sabot et en secouer la neige ! Lorsqu'il n'y avait pas de neige à déblayer, c'était le pic et la pelle pour déblayer, par exemple, de la terre – notamment à l'endroit où a été creusée la fameuse *Kartoffelkeller* (« cave à pommes de terre », soi-disant, qui était en fait un abri pour les SS en cas d'attaque aérienne). Nous mettions la terre et la roche dans des brouettes en fer, allions les déverser cinquante ou cent mètres plus loin, quitte à ra-

---

tobre 1943, c'est la construction du camp lui-même et de la route qui mène à la carrière qui requièrent la majeure partie des prisonniers.

[16] Carrière de granite rose près de laquelle est installé le *Lager*. Elle est exploitée par la *Erd- und Steinwerke GmbH*, la DEST (Entreprise des terres et pierres allemandes), appartenant à la SS. Elle emploie aussi des civils (conducteurs d'engins, ouvriers, etc.) Le *Kommando* de la carrière est l'un des plus durs, travaillant à casser, transporter, et terrasser de la roche dans des conditions inouïes de 6 heures à 18 h 30, avec une courte pause pour le déjeuner. On y affecte généralement les nouveaux arrivants pour les briser d'emblée.

mener ces remblais quelques jours plus tard près de l'endroit excavé[17].

La neige qui entrait dans les sabots nous frigorifiait les pieds, mouillant les chaussettes, ce qui était terrible lors des longs appels du soir (deux heures, trois heures ou plus). J'essayais, le pied tout engourdi, de remuer les orteils pour que la circulation se fasse. C'est là que j'ai eu la plante des pieds gelée, c'est-à-dire la peau juste dessous le pied, et il s'était formé une épaisse peau blanche comme une croute, qui m'est restée pendant près de deux ans et demi. Ce n'est que lorsque je suis rentré à la maison, le 1er mai 1945 et que j'avais le typhus, que cette peau a finalement pelé en lambeaux – plusieurs couches successives – pour redevenir normale.

Avant midi, il fallait porter à deux les caissons de soupe de rutabagas, depuis le portail jusqu'à mi-chemin vers la carrière, et une équipe de la carrière prenait le relai. Ceci en sabots sur le chemin verglacé, car le *Kommando* de la carrière ne rentrait

---

[17] La «cave à pommes de terre» est un *bunker* de 110 mètres de long ; en raison de l'avancée des Alliés, le camp a été évacué avant qu'elle ne soit utilisée. Elle représente un gros investissement en matériaux et avait certainement un objectif économique. Les archives n'ont hélas pas été retrouvées.

pas à midi pour manger comme d'autres qui travaillaient à proximité ou à l'intérieur du camp.

Tout le monde redoutait une convocation à la *Politische Abteilung*[18], deux ou trois jours après l'arrivée au camp (au Struthof et à Buchenwald). Lors de l'appel du matin, une dizaine de numéros était désignée pour se présenter à la grille de l'entrée et se rendre au bâtiment de la *Politische Abteilung*.

Nous devions nous tenir au garde-à-vous, adossés contre le mur du couloir, les pieds nus – les sabots restaient dehors. Ensuite, attendre chacun notre tour pour entrer dans le bureau où l'on nous questionnait. On entendait des hurlements et des coups, et ceux qui en sortaient étaient mal en point. De plus, les officiers SS qui nous croisaient dans le couloir nous bousculaient et nous écrasaient les pieds avec leurs bottes, sous prétexte que nous étions dans leur passage.

Ils m'interrogèrent, tout comme la Gestapo, concernant les raisons de mon arrestation, alors qu'ils avaient le dossier devant eux. Mais ils voulaient en savoir plus, pensant peut-être que les sévices et la terreur dans laquelle nous étions ces

[18] Section politique du camp, particulièrement redoutée, qui dépend de la Gestapo et assure la fonction policière du camp.

premiers jours leur en apprendraient davantage que la Gestapo. J'étais un lâche, un ennemi du Reich parce que j'avais refusé de prêter serment et de m'enrôler dans la Wehrmacht. Je devais être sur le front pour combattre les bolchéviques. Je n'étais pas digne de vivre, etc. Après quelques coups et gifles, je ne m'en suis pas trop mal sorti.

À Buchenwald c'était pareil. Toutefois, lorsqu'il y avait de grands convois qui arrivaient, les SS n'avaient pas le temps d'interroger chacun des mille qui arrivait en un jour. De plus, les Français qui arrivèrent fin 1943 et en 1944 furent mis en quarantaine. La quarantaine était instituée et imposée pour les convois où il y avait des morts dans les wagons. Elle était imposée aux SS par les détenus en poste de responsabilité dans le camp (communistes allemands anciens détenus), en faisant croire qu'il y avait des cas de typhus parmi les nouveaux arrivés – et les SS avaient peur d'une contagion qui pourrait aussi se propager chez eux et dans les casernes SS.

Ainsi, les nouveaux arrivants n'avaient pas à aller dès le lendemain matin dans les *Kommandos* de travail, ni à monter sur la place d'appel le matin et le soir pour être dénombrés. Cela se passait pour eux dans le petit camp, devant leurs baraques, et une fois que l'officier SS s'était assuré que le nombre y était, celui-ci s'en allait et les détenus pouvaient réintégrer leur baraque, alors que sur la place d'appel nous pouvions rester longtemps, parfois des heures !

Ensuite, je fus affecté les matins dans une salle sur la gauche du grand bâtiment des cuisines des détenus (1re baraque de la 2e rangée), avec cinq, six ou dix autres pour éplucher des pommes de terre dans l'eau froide ; le local était froid et nos doigts tout engourdis. Il s'agissait de pleins caissons qui étaient ensuite transportés en dehors du camp pour la cuisine des SS. Ce n'était pas pour la cuisine des Häftlinge !

Et gare à celui qui essayait de mettre un morceau de pomme de terre dans sa bouche, ou faisait des pelures trop grosses ! La pelure devait être mince comme du papier journal ! Je ne me souviens plus où allaient les épluchures.

À l'Effektenkammer

J'ai été ensuite affecté à la *Häftlingseffenktenkammer*[19] (d'une part parce que je parlais le français et

[19] La *Häftlingseffektenkammer* correspond au « magasin des vêtements », où sont consignés les effets des prisonniers. Jusqu'en

qu'ils attendaient des groupes de français ; et aussi parce que des détenus allemands m'avaient pris en pitié pour me soustraire le plus possible aux sévices des officiers SS qui cherchaient à me nuire[20]). Le bâtiment se trouvait en dehors du camp, 2e bâtiment en haut sur la droite sur le chemin vers la carrière de sable et la carrière de pierre. Nous n'étions pas nombreux, six, quelquefois un peu plus suivant les besoins, et le travail consistait à nettoyer le hall dont le sol était en ciment brut, amener du charbon pour les poêles dans les deux bureaux des officiers SS : le *Rottenführer* Simon et l'*Oberscharführer* (si je me souviens bien)... le res-

---

1943, une stricte comptabilité est tenue, qui entretient l'illusion que la détention est provisoire ; mais elle tend à disparaître ensuite avec l'afflux important de nouvelles arrivées. Si l'*Effektenkammer* est un haut-lieu de trafic, surtout pour les gardiens, c'est un *Kommando* moins pénible que ceux des chantiers et où les chances de survie sont plus grandes.

[20] Il existe en effet des solidarités entre détenus, mais elles ne sont pas évidentes. Différences de langues, mouvements, transferts, clientélisme (entre factions politiques), égoïsmes de survie, méfiances entretenues par un système dans lequel tous se surveillent, sont autant d'obstacles à l'entraide. Le mieux est de trouver des anciens compatriotes qui puissent servir d'initiateurs et de protecteurs. On retrouvera le rôle positif des anciens détenus communistes allemands à Buchenwald.

ponsable des objets de valeur. Ôter les cendres, allumer les poêles les matins. Transporter depuis la baraque des arrivées les vêtements civils qui avaient été désinfectés dans un compartiment avec de la vapeur, les mettre sous un porte-manteau dans de grands sacs de papier kraft, avec le numéro écrit en assez grand sur le côté, ainsi que les noms et prénoms en plus petit. Ces sacs étaient suspendus les uns à côté des autres, sur des tringles.

Lorsque des prisonniers étaient décédés, nous recevions chaque jour une liste et il fallait décrocher les sacs aux numéros correspondants, qui étaient chargés dans des camionnettes et emmenés par les SS. En cela, les SS étaient très méticuleux et ordonnés ! C'était aussi pour pouvoir montrer lors des inspections : « Ce sont les effets civils des prisonniers, qui leur seront restitués lorsqu'ils seront libérés » !! Quand les détenus étaient transférés dans un autre camp, leurs sacs étaient transférés aussi et mis dans le hall de la *Häftlingseffektenkammer*.

J'eus plusieurs altercations avec le *Rottenführer* Simon (pas de ma part, car il fallait se tenir au garde-à-vous, le calot contre la jambe droite si un SS nous parlait), toujours avec les mêmes arguments et les mêmes menaces. Je lui répondais parfois avec des versets de la Bible. «Ah, la Bible ! Ce ne sont que des légendes, des contes, etc. Je le sais bien, mon père était pasteur». Il savait que je n'avais pas de Bible – il n'y avait aucun livre dans le camp. Tout livre, journal, etc., était défendu. Il me dit : «Vous aviez une Bible ?» - «Oui» - «Surtout, ne cherchez pas votre Bible dans votre sac, sinon ça tournera mal pour vous ! » Il nous était de toute façon interdit d'ouvrir les sacs. Parfois, en passant devant les rangées de sacs, je tâtais le bas du mien et constatais que ma Bible y était.[21] Un jour, je vis de loin dans un coin de cette salle, près de la porte, une grande Bible de famille en langue allemande,

---

[21] Toute manifestation de piété était strictement interdite dans les camps. La possession d'une Bible, ou la participation à une lecture clandestine se faisait à hauts risques. Pourtant la présence de Bibles est attestée, elle représente un enjeu spirituel considérable. Aimé Bonifas en a rapporté plusieurs témoignages, dont celui d'une jeune femme à Ravensbrück, dépossédée de sa Bible à son arrivée : «Première grande souffrance, arrachement plus cruel que la nudité physique où nous nous trouvions à ce moment-là. Mais Dieu n'a pas voulu que nous fussions privées de cette nourriture plus vitale que le pain, et, quelques jours après mon arrivée, j'avais déjà retrouvé le Livre. Une camarade protestante, plus avertie que moi, avait pu en faire pénétrer deux en fraude dans le camp.» Aimé Bonifas, «Les déportés» dans *op. cit.* p. 586.

ouverte, et posée sur un tas de vêtements qui se trouvaient là. Le *Rottenführer* l'avait placée là intentionnellement pour me surprendre en train de la lire ! Je m'en suis bien gardé, car cela aurait été ma perte : lire au lieu de travailler, encore une occasion de me punir…

Toutefois, un jour, en tâtant le bas de mon sac, je remarquai que ma Bible ne s'y trouvait plus ! C'était facile à vérifier car je n'avais rien d'autre dans ce sac, qui était tout plat ; pas de costume sur le cintre, pas de chaussures. Je me suis dit qu'il allait m'accuser de l'avoir prise, puisqu'elle n'y était plus !! C'était une ou deux semaines avant mon transfert à Buchenwald.

Or, quelques mois après être arrivé à Buchenwald, j'ai rencontré un prisonnier tchèque qui travaillait aussi à l'*Effektenkammer* au Struthof, et qui était arrivé quelques jours auparavant : « Ah ! tu es là, encore en vie, etc. » Et il ajoute : « Tu sais ce que j'ai vu à ton sujet, après que tu étais parti ? En nettoyant le bureau du *Rottenführer*, j'ai vu une note adressée au commandant Kramer qui disait : Voici la Bible du *Häftling* dont je vous ai parlé. Veuillez noter les passages qui sont soulignés, etc. » et d'autres lignes qu'il n'avait pas eu le temps de lire ou qu'il ne voyait pas, n'osant pas déranger ou déplacer quoi que ce soit car cela pouvait être dangereux. Donc le commandant Kramer avait eu ma Bible entre les mains. Kramer fut ensuite quelques mois à Auschwitz, puis, jusqu'à la fin de la guerre, commandant du camp de Bergen-Belsen. Capturé par les Anglais le 15 avril 1945, il a été jugé par le tribunal militaire britannique, condamné à mort le 17 avril 1945 et pendu le 12 décembre suivant. Ainsi s'était accomplie la prophétie de Christmann, l'un des cinq évadés d'août 1942, qui avait été repris et pendu au Struthof avant mon arrivée. Lorsque Kramer avait fait son discours : «Voilà ce qui arrive à ceux qui veulent s'évader... », Christmann[22], sous la potence, la corde autour du cou avait encore crié à Kramer : « Un jour, toi aussi tu seras pendu ! »

J'ai récupéré ma Bible à Buchenwald, à la Libération ; les SS étaient méticuleux.

[22] L'évasion du 8 août 1942 est le seul succès à partir du camp souche. Méticuleusement et audacieusement préparée par cinq hommes déguisés en SS, elle réussit grâce à la conjonction de plusieurs facteurs. Seul Alfons Christmann (n°167) est repris et pendu le 5 novembre 1942, après plusieurs jours de torture pour lui faire avouer la destination de ses compagnons, qu'il ne trahira pas. Pour le récit de l'évasion : Robert Steegman, *op. cit.*, p. 134-136.

Il y a eu une autre fois où j'ai cru que ma dernière heure était arrivée. Le *Rottenführer* m'avait donné l'ordre de récurer le ciment du hall, avec seau d'eau froide, brosse à main et serpillère. Il fallait éponger très rapidement l'eau sur le ciment gelé car elle formait du verglas, et gare à moi si cela arrivait ! Les autres avaient été appelés pour transporter des affaires vers le camp et en chercher d'autres. C'était au tout début de l'après-midi du 15 février 1943.

Je remarque soudain que tout semble calme, pas de bruits de pas, de coups de pioches, etc. En regardant par la fenêtre, je ne vois absolument personne, ni détenus, ni SS. Étrange ! Jusqu'à ce que, tout en continuant à travailler, j'entends des pas sur le chemin enneigé. Je me hasarde avec précautions, au cas où des SS reviendraient vers la baraque. Je constate que des soldats SS passent en armes, avec d'autres, qui conduisent deux jeunes hommes, torses nus dans le froid, seulement vêtus de leur pantalon rayé, puis deux autres, et encore deux autres, treize en tout[23], sur le chemin qui passe devant la *Effektenkammer* et va vers la carrière de sable.

[23] Il s'agit des treize jeunes de Ballersdorf, pris alors qu'ils tentaient de passer en Suisse.

J'ai compris tout de suite, bien sûr, qu'ils étaient amenés à la carrière pour y être fusillés. J'ai entendu des coups de feu puis vu les soldats qui remontaient. Mais voilà que le *Rottenführer* Simon fait irruption dans la baraque – j'étais bien sûr assidu au travail. Il m'interpelle : « Qu'est-ce que vous faites là ! Vous vouliez vous évader ! », et il porte la main sur son pistolet qu'il sort de l'étui... Je me tiens au garde-à-vous au milieu de cette salle et lui dit : « Je travaille comme vous me l'avez ordonné. » - « Qu'est-ce que vous avez vu ? » - « Quoi vu ? », que je lui réponds calmement. - « Je travaillais ici sur le sol ». Il se calme un peu car c'est lui qui m'avait oublié. Car chaque fois qu'un événement pareil arrivait, c'est-à-dire un ou plusieurs fusillés, tous les camarades qui travaillaient à proximité du camp devaient rentrer dans l'enceinte avec défense de sortir des baraques. Et il ajoute : « Ce sont treize de vos compatriotes, ces têtes de cochons de Français, qui ont été fusillés parce qu'ils ne voulaient pas servir dans l'armée allemande, comme vous. Et vous, vous ne perdez rien à attendre car vous êtes comme eux. Vous serez aussi fusillé comme ceux-là ! » Humainement, ce n'était pas très rassurant, mais j'avais au fond du cœur l'assurance que le Seigneur me garderait, selon sa promesse, et que je n'avais rien à craindre.

Une semaine après, même scénario, mais cette fois-ci j'étais bien avec les autres dans une baraque (mais pas la baraque n°1 où je logeais), car la moitié était occupée par la *Schreibstube*[24] et ce qu'on appelait la *Folterkammer*[25]. Ceux qui devaient être fusillés y étaient amenés, déshabillés, frappés, vêtus d'un pantalon rayé, amenés à la carrière. Ce jour-là ils étaient trois, dont l'un un peu plus âgé. On racontait que c'était le père d'un jeune qui avait réussi à s'enfuir en Suisse, alors que les treize autres avaient été arrêtés. J'ai vu moi-même la chemise à carreaux, une comme en portaient les bouchers, et elle était pleine de sang coagulé à l'intérieur.

Ceux qui étaient ainsi fusillés ou assassinés n'étaient jamais immatriculés ni comptés dans les effectifs du camp, tout comme à Buchenwald, ceux qui arrivaient et étaient mis à mort dans le sous-sol du crématoire ou dans la *Reithalle* (manège de chevaux) à l'extérieur du camp. Les cadavres étaient amenés au crématoire – par exemple les 8 000 officiers russes. Ils étaient amenés dans la *Reithalle*, et de là, dans un autre bâtiment, par groupes. Il leur était demandé de se déshabiller : «Vous allez

---

[24] Secrétariat du camp.

[25] Chambre de torture.

dans un camp de prisonniers pour les officiers, et apparemment vous passez une visite médicale.» Ils passaient un à un dans la salle où il y avait soit disant un docteur ; on écrivait leur nom, date de naissance, ils étaient pesés, puis passaient sous une toise pour être mesurés. Mais derrière la fente où coulissait le bâton de la toise, derrière la paroi, il y avait un SS qui lui tirait un coup de revolver dans la nuque. Une trappe sous les pieds du Russe s'ouvrait alors, et le corps tombait au sous-sol, dans la benne d'un camion. Et ainsi de suite...

Lorsque le camion était plein, il amenait les cadavres au crématoire à l'intérieur du camp. Le long du trajet, on voyait des trainées de sang, et surtout devant le portail de l'entrée que les français appelaient la Tour, où le camion devait attendre jusqu'à ce qu'il soit ouvert. Il y avait à chaque fois une grosse flaque de sang. Le matin, les *Kommandos* qui sortaient du camp devaient marcher dedans. Puis ils utilisèrent des camions avec une benne zinguée, de sorte que le sang ne coulait plus au dehors.

Pour en revenir aux treize jeunes de Ballersdorf fusillés dans la carrière au Struthof, ils avaient été fusillés dans le dos, et avec des balles dum-dum car ils avaient une plaie béante, et la poitrine déchiquetée. Témoins, ceux qui ont ramassé les cadavres – des détenus de la compagnie disciplinaire du Block 11 (entouré de barbelés) et qui les ont mis dans de longues caisses de bois brut (deux par caisse) pour les porter à quatre sur leurs épaules. Le sang coulait dans la neige et sur les vestes de ceux qui les transportaient. Un témoin l'a aussi raconté à Lucien André, n°1 421, Lorrain d'Hagondange ou Hayange ; celui qui le lui a dit est Lucien Jacques, n°1 550, également Lorrain.

J'étais moi-même le deuxième Alsacien dans le camp du Struthof. Le premier était Martin Winterberger (de Gresswiller, 67, né le 19 février 1917), matricule 358. Il est arrivé au Struthof le 12 novembre 1941, envoyé depuis le camp de redressement de Schirmeck, où il avait été incarcéré le 25 avril 1941. Winterberger s'est évadé de façon spectaculaire avec quatre autres détenus le 4 août 1942, c'est relaté dans le livre de Charles Béné, *Du Struthof à la France libre*[26]. Cela s'était passé avant mon arrivée ; Alphonse Christmann, dont nous avons parlé, a été capturé quelques semaines plus tard.

Il a été ramené en octobre 1942, maltraité violemment par Kramer lui-même qui l'a « accueilli »

[26] Charles Béné, *Du Struthof à la France libre*, Fetzer, 1968.

à la gare de Rothau où il avait été amené en train par deux soldats. Interrogé plusieurs jours, Christmann n'a rien dévoilé, donné aucun nom ou renseignement sur les préparatifs de l'évasion, ceux qui les avaient aidés dans les Vosges, etc. Cela aurait coûté la vie à plusieurs détenus. Après un mois, Christmann a finalement été pendu devant tout le camp, début novembre 1942.

C'était la première mise à mort par pendaison au Struthof, d'après ce que j'ai compris. Ce sont des anciens détenus allemands qui me l'ont dit. Cette pendaison a eu lieu en fin d'après-midi, alors que d'habitude les pendaisons avaient lieu pendant l'appel du soir. Ce jour-là, les *Kommandos* sont rentrés dans le camp de bonne heure. Tous ont vu la potence qui était dressée et se sont mis en rang sur la place d'appel. Des soldats SS en armes – avec des mitraillettes – se sont placés entre les miradors, d'autres d'un côté de la place d'appel, et aussi derrière les rangs des détenus. Après 17 heures, Christmann est amené ; on le fait monter sur la caisse, on lui passe le nœud coulant autour du cou. Mais le levier ou la trappe ne fonctionnent pas ; il doit descendre et une deuxième fois la trappe ne fonctionne pas ! Christmann est mis une troisième fois sur la caisse, la trappe s'ouvre, Christmann tombe.

Pendant presque une heure le camp doit rester au garde-à-vous devant le cadavre qui se balance au vent.

J'ai été moi-même témoin de plusieurs pendaisons.[27] Une première fois en décembre 1942 ou début janvier 1943. C'était quelque chose d'affreux à voir. Surtout quand le pendu n'était pratiquement plus qu'un squelette. C'était un jeune Russe qui avait été enfermé un mois dans ce que j'appelais une « cage à lapin », accroupi, exposé au froid et au vent. Il tenait à peine debout. Il avait les mains liées dans le dos, et peut-être même les pieds ; c'était ce Russe qui avait été maltraité dans les douches lors de notre arrivée. D'après mes souvenirs, je crois qu'il s'était évadé, avait été repris d'une manière ou d'une autre, envoyé au Struthof, et là, il avait été reconnu par un SS. Lorsque la trappe s'est ouverte, il était si léger que le nœud coulant ne l'a pas serré assez fort ; après un moment, un SS l'a tiré par les jambes pour qu'il l'étrangle davantage. Voir les soubresauts de ce corps-pantin, les jambes qui se relèvent

[27] Dans la logique punitive du camp, les pendaisons publiques, d'une extrême violence, ont une fonction « pédagogique » et dissuasive. Les autres avaient lieu discrètement dans le Block du crématoire.

presque à l'horizontale et retombent, le corps qui tourne presque sur lui-même et revient face à nous, puis se balance dans le vent. Tout cela avec les officiers SS près de la potence.

Instinctivement, le premier rang des détenus – dont j'étais – a reculé un peu est un SS a hurlé : «Trois pas en avant ! » Nous sommes restés là pendant près d'une heure, devant cette potence, le tout éclairé par les projecteurs dans la nuit froide, dans la neige, avec le vent glacial qui soufflait.

Il faut mentionner qu'avant chaque pendaison, alors que la victime était déjà sur la caisse, le commandant nous faisait un discours menaçant, la colère dans la voix, pour bien nous faire comprendre que toute tentative d'évasion, ou même de désobéissance, serait punie de la même façon.

Il y avait aussi la *Folterkammer*. Le Block n°1 (dans lequel je me trouvais) était comme tous les autres Blocks divisé en deux parties : porte d'entrée au milieu de la baraque ; à gauche, la salle avec tables et bancs, puis le dortoir. À droite, et au milieu face à l'entrée, un *Waschraum* et des WC. Mais pour le Block n°1, la partie de droite était condamnée. L'accès à la partie de cette baraque se faisait par le bout du côté de la clôture, juste en bas du portail d'entrée du camp.

À cet endroit, il y avait la *Schreibstube* et un autre réduit, je crois, et cette salle de torture. C'est aussi là que ceux qui devaient être fusillés étaient amenés dévêtus avant d'être conduits à la carrière de sable.

Lorsque les *Kommandos* rentraient le soir au camp, nous étions souvent fouillés au portail. Un soir, ils ont trouvé de petits morceaux de cuir sur un détenu allemand qui travaillait à la cordonnerie (chaussures et bottes des SS). Il était cordonnier de métier. Ils voulurent savoir à qui ces morceaux de cuir étaient destinés – il comptait les donner à l'un de ses camarades, pour adoucir l'intérieur de ces sabots ; mais il n'en a rien dit car il savait que cela irait mal pour ce camarade. Ils l'ont amené dans cette chambre de torture, l'ont pendu par les poings liés derrière le dos, questionné, frappé avec un nerf de bœuf, etc., pendant plus d'une heure. Il n'a rien dit. Nous pouvions l'entendre depuis notre côté en nous approchant de la cloison de bois. Lorsqu'ils l'ont relâché et qu'il est venu dans notre chambrée il était à bout, remplis de bleus – ses bras surtout étaient bleu-violet, sans vie. Lorsque l'on est ainsi pendu par les poignets par derrière, la circulation du sang se bloque au niveau des épaules. Des camarades lui ont massé doucement les bras pendant plus de deux heures pour rétablir la circulation.

Il y avait aussi le *Prügelblock* – table de bastonnade. Cela se faisait en général en public pendant l'appel du soir. Le détenu puni de 25 ou 50 coups y était attaché, le dos et les fesses à nu pour recevoir les coups de nerf de bœuf. À Buchenwald, cela se faisait sur un monticule de pierre pour que tous, sur la place d'appel, puissent bien voir. Le chevalet ou table de torture était des plus « sophistiqués ». Le détenu devait mettre ses pieds dans une sorte de tiroir, qui était ensuite refermé, de sorte que les pieds y étaient bien prisonniers. À l'autre bout du chevalet, les poignets étaient attachés aux deux coins. De plus, une manivelle faisait monter le bout de la table (au niveau des jambes du détenu) afin que le corps soit bien tendu. Ensuite, il était frappé avec un nerf de bœuf – le détenu était censé compter lui-même les coups à haute voix, mais n'y parvenait pas jusqu'à la fin ! Certains hurlaient de douleur. Le SS les frappait avec d'autant plus de fureur. Ils avaient même la tactique d'asséner les coups en retirant le nerf de bœuf vers eux, de sorte que la peau éclatait après quelques coups, et que le sang giclait. Les 25 ou 50 coups terminés, le détenu (souvent évanoui) était détaché et roulait en bas de ce tas de cailloux. En général, il ne survivait pas longtemps : les chairs déchiquetées s'infectaient, et des fois les vertèbres étaient atteintes.

Chapitre 3

Buchenwald

Transfert et arrivée

J'ai été transféré du Struthof à Buchenwald avec quelques autres. Sans doute, d'après ce qui a été dit par la suite, parce que le commandant Kramer ne voulait plus qu'il y ait des Alsaciens-Lorrains dans le camp (suite à l'évasion de Winterberger et des quatre autres), car ils connaissaient le pays et auraient plus facilement le soutien de la population[1].

Lors de l'appel du soir, le 8 mars, une liste de matricules fut lue, dans laquelle se trouvait le mien :

[1] En effet, l'unique évasion réussie du KL-Natzweiler (dont nous avons parlé) a été possible grâce à la présence d'un Alsacien parmi les évadés. Échaudés, les SS ne gardent guère les Alsaciens plus d'un mois, sauf exception, qui ne font que transiter vers l'Allemagne. Mais la raison principale de ces transferts, qui se multiplient à partir de 1943, est économique : ils répondent à un besoin de main-d'œuvre lié aux évolutions d'une guerre devenue « totale » et particulièrement coûteuse.

«Tous ceux-là devront se présenter demain matin à 6 heures devant le portail» – sans autre explication. Était-ce une sélection pour être fusillé, ou utilisé comme cobaye dans la chambre en dehors du camp où ils faisaient des expériences (avec des gaz ou encore sur l'apesanteur)[2] ? Cela se disait à mots couverts par des détenus qui avaient vécu cette expérience, ou que d'autres avaient vu, que le sang vous coulait par le nez et les oreilles.

Nous étions tous dans l'inquiétude, atterrés, ne sachant pas ce qui allait nous arriver. En rentrant dans le Block après l'appel, le *Blockältester* (doyen responsable du Block, un Allemand communiste), voyant que j'étais un peu désemparé, me dit alors que je lui avais demandé où nous allions : « Je ne sais pas, personne ne sait. Mais toi, tu n'as rien à craindre, ton Dieu te gardera ! » Il avait vu combien de fois j'aurais dû y passer, mais de fa-

[2] Des expériences médicales ont eu lieu à Natzweiler, sous la tutelle de professeurs de la *Reichsuniversität* de Strasbourg : Hirt et Bickenbach. Dans ce but est construite une chambre à gaz, où des détenus sont utilisés pour des recherches sur l'ypérite (composante du gaz moutarde), qui détruit le système respiratoire. D'autres gazages ont lieu qui visent à récupérer des crânes dans la perspective d'une étude sur « l'appartenance raciale ». Ainsi les dernières recherches retiennent que 86 juifs ont été assassinés, en secret, du 11 au 19 août 1943.

çon extraordinaire cela ne s'était pas produit. J'ai entendu par la suite (lorsqu'un autre convoi est arrivé du Struthof à Buchenwald) que ce chef de Block est mort, assassiné par les SS deux mois après.

À Buchenwald, j'ai eu le n°10 564. Dans ce convoi, il y avait trois Lorrains et quelques autres que je connaissais. À notre arrivée, il y avait environ 9 000 détenus à Buchenwald (avril 1943)[3]. Les conditions étaient les mêmes qu'au Struthof, quoiqu'en beaucoup plus grand. Comme nous étions plus nombreux, il était un peu plus facile de se fondre dans la masse, pour passer si possible inaperçu. Mais pas dans mon cas, car j'étais jeune et surtout avec le triangle rouge[4] sans dis-

[3] Le camp de Buchenwald est créé en 1937, non loin de Weimar, en Thuringe, comme un camp de concentration «modèle». Les premiers prisonniers arrivent le 15 juillet ; ils sont 149. Début 1945, on compte près de 110 000 détenus, dont 25 000 femmes. Entre temps, 265 980 personnes ont été internées et ont vécu la terreur quotidienne. 56 000 en sont morts.

[4] À Buchenwald, Jean-Paul Krémer reçoit à nouveau le triangle rouge des «politiques». C'est une catégorie hétérogène, qui recouvre toutes sortes d'opposants au régime : des communistes, majoritaires à Buchenwald, des soldats condamnés pour désobéissance grave ou désertion, des victimes de dénonciation, etc. Parmi eux, les «persécutés pour motifs

tinction ou lettre (il n'y avait pas encore de Français), j'étais repéré tout de suite, et considéré par le SS comme un citoyen allemand. Les officiers SS me demandaient : « Pourquoi êtes-vous ici ? » Lorsque je leur disais la raison, j'étais alors à leurs yeux un ennemi du Reich, un traître bon à abattre : « Vous devriez être au front pour combattre les bolchéviques, vous n'êtes qu'un tire-au-flanc, etc. »

Nous sommes donc arrivés à Weimar, tard le soir, par le train, et de là menés au camp de concentration de Buchenwald par camion. Dans le portail en fer forgé par lequel on entre dans le camp, on peut lire ces mots : *Jedem das Seine* : « À chacun son dû ».

religieux ». Eugen Kogon estime que « 4 000 à 5 000 pasteurs protestants et prêtres catholiques furent jetés dans les camps ». Voir Eugen Kogon, *L'État SS, Le système des camps de concentration allemands*, Paris, Seuil, « Points histoire », p. 40.

Émile et Marthe Krémer, avec leurs enfants : Étienne, Lydie et Jean-Paul. Fin des années 50

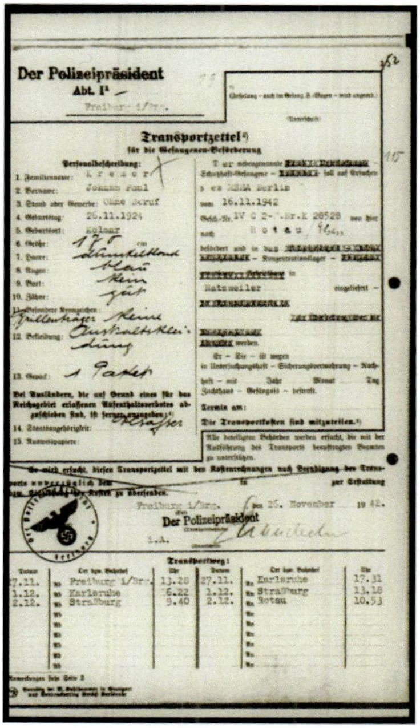

Der Polizeipräsident
Abt. I

Freiburg i/Br.

Transportzettel
für die Gefangenen-Beförderung

Personalbeschreibung:
1. Familienname: Kremer
2. Vorname: Johann Paul
3. Stand oder Gewerbe: Ohne Beruf
4. Geburtstag: 26.11.1924
5. Geburtsort: Kolmar
13. Gepäck: 1 Paket

RSHA Berlin
vom 16.11.1942
IV C 2-.Nr.K 28528
nach Rotau
Natzweiler eingeliefert

Termin am:
Die Transportkosten sind mitzuteilen.

Freiburg i/Br., den 26. November 1942.
Der Polizeipräsident
I.A.

Transportweg:

Datum		Ort bzw. Bahnhof	Uhr	Datum		Ort bzw. Bahnhof	Uhr
27.11.	ab	Freiburg i/Br.	13.28	27.11.	an	Karlsruhe	17.31
1.12.	ab	Karlsruhe	6.22	1.12.	an	Straßburg	13.18
2.12.	ab	Straßburg	9.40	2.12.	an	Rotau	10.53

Transportzettel, ordre de transport, 16.11.1942. ITS Archives Bad Arolsen

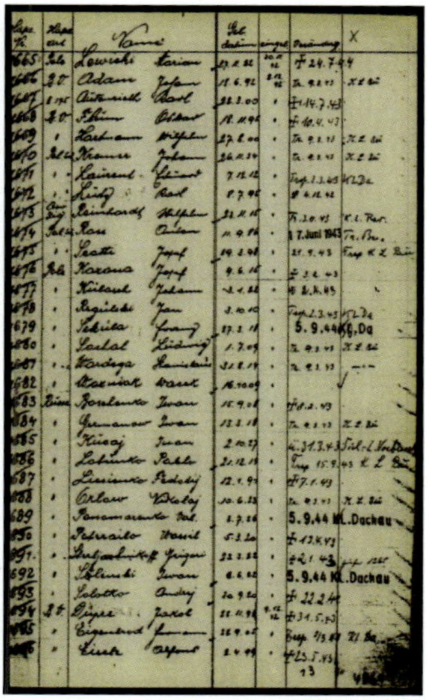

Registre matriculaire du camp de Natzweiler. ITS Archives Bad Arolsen

Le KL-Natzweiler en cours de construction, fin 1942. ©CERD-Struthof. Photo Lucien Kohler

Seconde enceinte du KL-Natzweiler. ©CERD-Struthof. Photo Marie-José Bopp

Retour du travail. ©CERD-Struthof. Photo Lucien Kohler

Entrée du KL-Natzweiler en 2016. Photo François Bernard

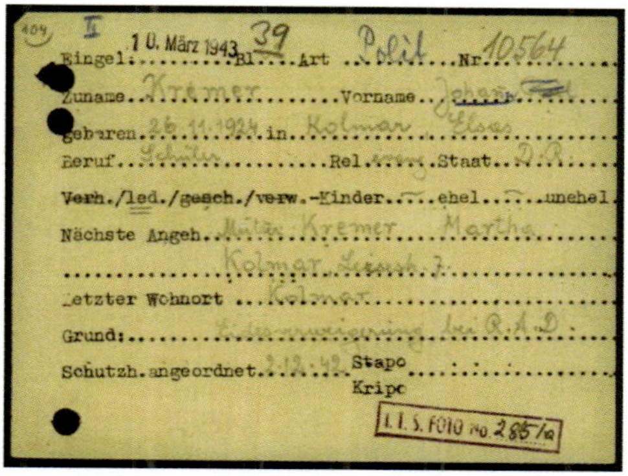

II 10. März 1943 39 Polit 10564

Eingel. .... Bl. ... Art ... Polit ... Nr. 10564

Zuname ... Kremer .... Vorname ... Johann

geboren ... 26.11.1924 ... in ... Kolmar Elsass

Beruf ... Schüler .... Rel. ... Staat ... D.R.

Verh./led./gesch./verw.-Kinder ..... ehel ..... unehel.

Nächste Angeh. ... Mutter Kremer Martha

Kolmar

Letzter Wohnort ... Kolmar

Grund: ... bei R.A.D.

Schutzh. angeordnet ... 2.12.42 ... Stapo

Kripo

I.T.S. FOTO No. 285/a

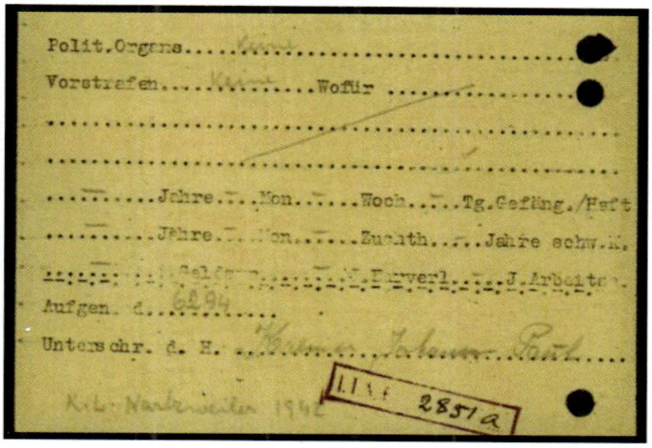

Polit. Organs ... Keine

Vorstrafen ... Keine ... Wofür ...

.... Jahre ... Mon. ... Woch. ... Tg. Gefäng./Haft

.... Jahre ... Mon. ... Zuchth. ... Jahre schw. ...

Aufgen. d. ... 6294

Unterschr. d. H. ... Kremer Johann Paul

I.T.S. 2851a

K.L. Natzweiler 1942

Formulaire individuel détenu Buchenwald

RÉPUBLIQUE FRANÇAISE. N° 1099.28420

Fichier Interdépartemental

CARTE DE DÉPORTÉ RÉSISTANT

Délivrée par le Ministre des Anciens Combattants et Victimes de la Guerre.

TITULAIRE : KRÉMER Jean-Paul

Né le 26 Novembre 1924 Colmar (Ht-Rhin)

Domicile The Faith Mission 38 Coates Gardens Edinbourg - 12 - Ecosse

Interné du

Déporté du 1er Septembre 1942 au 27 Avril 1945

Carte établie le 1er Février 1956

LE DIRECTEUR DES STATUTS ET DES SERVICES MÉDICAUX P.O. LE CHEF DU BUREAU DES DÉPORTÉS

Signé : ARIBAUD

Le Titulaire,

Carte de Déporté Résistant, Jean Paul Krémer

Matricule 10564 KL-Buchenwald, Jean Paul Krémer

Jean Paul Krémer, fin 2015, à Olivet

Cette inscription n'était qu'une parodie de justice, comme si ceux qui entraient dans le camp méritaient vraiment leur sort. Tout être humain aspire à une justice, et s'il y a une justice, on se tourne vers le juge. Mais à Buchenwald, tout comme à Natzweiler-Struthof (ainsi que dans tous les autres camps), nous avons trouvé tout autre chose que la justice. Même si l'on est condamné par la Gestapo (avec ou sans tribunal), on s'attend à une toute autre manière de prise en main par les SS. Mais non ! Tout comme la Gestapo durant leurs interrogatoires, il ne fallait s'attendre à rien de la part des SS. Normalement, lorsqu'une personne coupable a été jugée et condamnée, elle entre en prison pour une durée déterminée, et c'est tout. Le seul traitement humain pour moi avait été celui de Fribourg, à la prison d'exécution de peine ; les gardiens étaient bien sûr des Allemands, mais pas des nazis. Il fallait se soumettre à la discipline, mais nous n'étions pas battus.

À l'arrivée dans les camps, réception et traitements chaque jour par la suite terribles. Nous n'étions plus des humains. Juste un numéro, qu'il fallait d'ailleurs connaître par cœur en allemand (particulièrement difficile pour ceux qui ne le parlaient pas). Nous étions considérés comme pire que des animaux, nous n'étions que des *Stück* («morceaux»). *Stück* était le terme que les SS employaient lorsqu'ils faisaient le compte lors des appels matins et soirs, ou pour les *Kommandos*. Ils amenaient à leurs supérieurs 30, 40, 100 ou 200 *Stück*.

Comme au Struthof, matin et soir, nous étions comptés sur la place d'appel. Le soir, l'appel durait une heure et demie ou deux heures, au garde-à-vous, hiver comme été, dans le gel (-15°C ou davantage), la pluie, l'orage, les bourrasques de neige. Parfois nous étions là plus longtemps – le soir du 1er janvier 1944 par exemple, cela dura quatre heures[5].

Pour en revenir à l'attitude des SS envers les détenus, et particulièrement à mon égard, il est clair que je n'aurais pas dû survivre. Mais Dieu dans sa grâce est intervenu, et il n'y a pas eu de suite. Je fus affecté un temps au *Kommando*[6] *Schlosserei* (ser-

---

[5] Probablement parce qu'un détenu français s'était endormi d'épuisement et ne s'était pas présenté à l'appel. Voir le dessin de Pierre Mania, janvier 1944 : «Supplice d'un français absent à l'heure de l'appel (...). Nous restâmes 5 heures 30 sur la place d'appel. Notre pauvre camarade fut 4 jours attaché jour et nuit à la porte de la tour, sans nourriture».

[6] Il existe deux sortes de *Kommandos* : le «*Kommando* intérieur» est une équipe affectée à un service du camp (la blanchisserie,

rurerie) à la D.A.W.[7], un enclos juste à côté du camp (il y avait d'autres ateliers, dans différents hangars). C'était un hangar où l'on fabriquait des charnières (bien solides, assez grandes et fortes) pour des couvercles de caisses en bois (sans doute des caisses à munitions). Mon premier travail était, avec un autre détenu, de couper du matin au soir dans une grande plaque de tôle assez épaisse (environ 5mm d'épaisseur, pour une plaque d'environ 1m x 2.5m) de longues bandes d'environ 8 à 10 cm de large, à l'aide d'une grande cisaille fixée à une poutre de ce hangar. Et tout ceci sans gants, dans le froid (il gelait) – les mains s'écorchaient facilement.

Ces bandes étaient ensuite coupées par d'autres dans une presse, pour former l'ébauche d'une

---

ou la serrurerie par exemple). Les «*Kommandos* extérieurs» sont des camps satellites qui dépendent du camp principal. Cette nébuleuse travaille pour l'industrie de guerre, des entreprises d'armement, ou des usines allemandes. Par exemple, le *Kommando* de Bad Salzungen 1 travaille pour BMW, qui construit des moteurs d'avions. Cent-soixante-quatre *Kommandos* ont été identifiés pour Buchenwald-Dora.

[7] La D.A.W. est une usine qui appartient à la SS et jouxte le camp. Buchenwald en compte trois autres : Gustloff (qui fabrique principalement des carabines), la Mibau (qui travaille sur les armes secrètes V1 et V2) et les ateliers d'optique Zeiss (jumelles militaires).

charnière mâle ou femelle. Un autre y faisait trois trous avec une perceuse, un autre encore évasait ces trous sur un tour pour y recevoir des vis à bois, de telle sorte que la tête de la vis soit à plat sur la charnière. Ensuite, sous un marteau-pilon, on formait les charnières, mâles et femelles, elles étaient ensuite rassemblées, une goupille glissée à l'intérieur dont les deux bouts étaient sertis avec un marteau. Gare à celui qui ne faisait pas le travail comme il faut – c'était du sabotage !

Comme j'étais assez adroit, je dus remplacer celui qui travaillait au poste du marteau-pilon. Le travail consistait à prendre une à une toutes ces pièces qui s'accumulaient avec une pincette ; je la plaçai dans le gabarit, puis actionnait le marteau-pilon avec le pied, la retirait, et prenait une autre pièce. Il fallait faire extrêmement attention de ne pas y laisser un doigt, même avec les pincettes, car il n'y avait aucune protection. Je m'organisai avec méthode, coordonnai mes gestes de telle sorte que le contremaître me disait : « C'est bien, vous y arrivez plus vite que les autres. »

Mais après deux ou trois jours, je constatai que ceux qui travaillaient autour de moi étaient bien plus assidus au travail, que ceux qui sertissaient les goupilles frappaient plus fort et à une cadence plus rapide. J'eus un doute, et risquai un coup d'œil en arrière ; le SS responsable cet atelier se tenait derrière moi ! Je continuai mon travail, et après un moment il se mit à hurler : « Plus vite ! » – mais c'était impossible. Et il continua : *Schneller!* Il me dit : « Prenez avec vos mains ! » J'avais deviné ce qu'il voulait ! Bien sûr, sans les pinces, on allait plus vite, et c'est ce que je fis. Le SS était toujours derrière moi. Après une minute il hurle : « Sabotage ! Il travaille sans pincettes pour se faire broyer la main par le pilon ! » C'était en effet ce qu'il espérait. Sauf que maintenant c'était moi qui étais dans mon tort. Le SS continue : « Il veut se broyer les doigts pour échapper à la Wehrmacht. Vous serez puni ! Après l'appel du soir, vous reviendrez ici ! » Les autres détenus étaient ahuris, mais que pouvaient-ils faire ?

Il faut dire qu'à cette période-là, les SS avaient invité les détenus de nationalité allemande à se présenter au bureau pour se porter volontaires et entrer dans la Wehrmacht et il était même question que cela devienne obligatoire. À ma connaissance, aucun Allemand ne s'était présenté, surtout pas les communistes – peut-être un ou deux criminels, je ne sais pas. C'est pourquoi il avait hurlé que je voulais me faire écraser les doigts pour ne pas aller au front.

Effectivement, je fus convoqué après l'appel du soir et envoyé près de ce hall pour creuser au pic et à la pelle une tranchée profonde (je crois que c'était pour installer une conduite d'eau) – jusque deux heures du matin : «Vous reviendrez chaque soir pendant une semaine, voilà votre punition ! »

Le *Vorarbeiter* (détenu responsable de marche du travail dans mon hall) et les autres détenus étaient atterrés de l'incident à la machine et de l'acharnement du SS. Ce travail de nuit s'ajoutait à celui de la journée et à l'interminable appel du soir. Le *Vorarbeiter*, un Allemand communiste, et d'autres, se sont dit que cela ne pouvait pas continuer (je n'avais dormi que deux heures cette nuit-là). « Il faut trouver une solution pour le soustraire à la présence de cet officier. » Ainsi, le matin après l'appel, alors que tous les groupes se formaient pour les différents *Kommandos*, un de ces détenus responsables[8] des affectations me dit de le suivre :

---

[8] L'organisation de Buchenwald présente une spécificité importante : après de nombreuses et dangereuses luttes souterraines contre les « verts» (prisonniers criminels), les communistes allemands ont pris le contrôle de la quasi-totalité de l'administration interne du camp, ce qui veut dire qu'ils se chargent, entre autres, de la répartition du travail. Cette résistance clandestine des Politiques crée un «mur invisible» entre la SS et le camp, difficile à tenir mais efficace : elle améliore-

«Tu ne peux pas retourner à la *Schlosserei*, ce serait ta mort. Viens, ne dis rien ! » Il me présenta à un autre officier SS (il fallait toujours qu'un SS donne son approbation.) «Voici un *Häftling* qui est ébéniste-menuisier, nous en avons besoin dans l'atelier de la *Holzschuhmacherei* (atelier de sabots) ». Je n'étais bien sûr ni ébéniste, ni menuisier, mais il l'avait fait croire pour que je sois accepté, et il savait qu'étant adroit, je m'en tirerai. Le SS donna son accord.

Je me retrouvai donc affecté à ce groupe[9], dans

---

ra et sauvera la vie de nombreux détenus, dont celle de Jean-Paul Krémer. Il était de plus extrêmement difficile de changer de *Kommando* (surtout si l'on n'était pas soi-même communiste) : ceux qui ont essayé de le faire ont parfois subi des revers dramatiques, tel que le rapporte Eugen Kogon, *op. cit.*, p. 94. Jean-Paul Krémer a bénéficié ici d'une rare faveur.

9 Les conditions de vie connaissent de fortes disparités selon les *Kommandos* et la position dans la hiérarchie du camp. Cette affectation fait accéder Jean-Paul Krémer à la « classe moyenne, la plus nombreuse, constituée par les détenus sans responsabilité et affectés (...) à l'intérieur de Buchenwald ». En général, ces *Kommandos* étaient les moins pénibles (cordonnerie, raccommodage de chaussettes, cuisines, etc.) C'est l'une des raisons pour laquelle Jean-Paul Krémer a survécu, non sans dangers, comme nous le verrons. Voir Olivier Lalieu, *La Résistance française à Buchenwald*, Paris, Tallandier, «Texto», 2012, p. 85.

une baraque juste en contrebas du crématoire, entouré d'une haute palissade, où il y avait d'un côté la *Schneiderei* (atelier de couture) et, au fond, l'atelier de sabots de bois, avec une cordonnerie au sous-sol. Dans cet atelier, on remettait en état les sabots usés, ou fendus. Le dessous était bien raboté à plat, on y collait une planche de bois qui était aussi consolidée par des chevilles en bois. Mon travail était de couper ces chevilles qui dépassaient à l'intérieur du sabot, et de bien le racler pour que tout soit propre et lisse, avec du papier de verre. On travaillait sur une sorte de chevalet où l'on tenait le sabot serré en place. Il fallait aussi tailler la planche qui était collée dessous à la dimension du sabot. C'est ainsi que j'ai travaillé, surveillé de près bien sûr, par l'officier SS qui était en charge de l'atelier de couture, des sabots et de la cordonnerie. Il avait un bureau vitré entre l'atelier de couture et celui des sabots et pouvait observer tous les détenus. Il faisait aussi des irruptions inopinées dans l'atelier de cordonnerie. Nous travaillions souvent une ou deux heures encore après l'appel (les derniers mois, même pendant l'appel, qui se faisait dans l'atelier) et l'atelier de couture avait une équipe de nuit. C'était pour remplacer un détenu qui avait été « limogé » et envoyé dans un *Kommando* extérieur, je ne me souviens plus pour quelle faute. Son travail consistait à suivre les entrées et sorties des chaussures une fois réparées, de signer le reçu et distribuer le travail aux cordonniers.

Les chaussures arrivaient de la *Häflings Effektenkammer* provenant des détenus décédés (chaussures civiles). La plus grande partie des chaussures et des bottes était en très mauvais état, usées à l'extérieur, puantes, moisies ; elles provenaient aussi d'autres camps, comme Auschwitz, et étaient amenées par des porteurs avec une sorte de hotte sur le dos. De même pour les chaussures réparées qui retournaient à la *Effektenkammer*. De tout cela il fallait que je tienne une comptabilité stricte. Les chaussures qui arrivaient étaient stockées dans un réduit au fond de la cordonnerie ; il y en avait plusieurs centaines en attente. Mais lorsque les arrivées diminuaient, le stock diminuait aussi, et il me semblait qu'il n'y avait pas autant de chaussures que sur les livres !

Avec le *Vorarbeiter* Bruno Schade (communiste allemand incarcéré depuis 1933) nous avons fait le compte et constaté que plus de soixante-dix paires manquaient ! Cela datait de bien avant mon arrivée. Catastrophe ! Que faire ? Impossible de justifier les comptes. J'étais sûr d'être tenu pour responsable, encore plus que le *Vorarbeiter*. Si on le découvrait, cela me vaudrait au moins la bastonnade, sinon la pendaison[10].

À force de réflexion et d'angoisse une idée géniale m'est venue. Les chaussures qui étaient trop abimées pour être réparées étaient dépecées par les cordonniers qui récupéraient le cuir. Pour chaque chaussure ou botte détruite, je devais présenter à l'officier SS les quatre morceaux de cuir avec les œillères pour les lacets (ou les deux tiges pour une paire de bottes). Tout était soigneusement compté, mis dans un sac, que l'officier SS emmenait pour être brûlé ; le nombre de chaussures était déduit du stock. J'avais remarqué que certaines chaussures étaient doublées de cuir ; j'ai donc eu l'idée de demander aux cordonniers qui

[10] Le vol, motivé par la faim et le dénuement, fait partie du nombre incalculable de raisons d'être puni. Les vols entre détenus sont sévèrement réprimés par un service d'ordre interne (*Lagerschutz*), pour éviter que les SS ne s'en mêlent. Théoriquement, la bastonnade devait recevoir l'aval de la WVHA (Office central de l'Administration économique de la SS) et le médecin devait confirmer que le « délinquant » était en assez bonne santé pour le supporter ; la plupart du temps, le châtiment (décrit plus haut), était donné avant cet accord. Pour avoir une idée de l'ampleur, du raffinement et de la cruauté des moyens de répression : Eugen Kogon, *op. cit.*, p. 111-124.

démontaient les irréparables de séparer ces doublures ; j'avais alors deux paires au lieu d'une. Au grand soulagement de Bruno Schade, j'ai pu reconstituer le nombre de chaussures du stock, et même au-delà, ce qui nous a permis de filer en douce des souliers à des détenus qui n'en avaient pas (à qui on les avait volés pendant la nuit), à un détenu qui devait travailler pieds nus, etc. C'était un manège très dangereux, mais que faire d'autre dans un tel cas ?

Il y avait au sous-sol de la cordonnerie un genre de soupirail qui s'ouvrait sur la « rue », au ras du sol, et c'est par là que nous faisions sortir la marchandise immédiatement après l'appel. L'une de ces paires a bénéficié à un officier français, qui, après la libération, a pu partir avec un groupe en voiture et camion. Il passa par Colmar, et comme il avait l'adresse de mes parents, il fit chercher M. Krémer en lui faisant dire qu'un détenu pouvait lui donner des nouvelles de son fils. Mon père y est allé : « Votre fils Jean-Paul est en bonne santé et il reviendra bientôt. Voyez-vous ces chaussures que j'ai aux pieds, c'est lui qui me les a procurées. »

C'est aussi lorsque je travaillais à la cordonnerie que deux ou trois du Service de Pathologie sont venus avec deux piles de peaux tatouées pour être passées sous les rouleaux. On les utilisait pour y aplatir des bouts de cuir ou semelles de cuir qui avaient été trempés dans l'eau. Mais il s'agissait là de peaux tatouées – bras, torse, dos – de détenus qui avaient été mis à mort, pas [illisible] par Ilse Koch[11], la femme du commandant[12] pour sa collection. C'était sans compter

---

[11] Ilse Koch (1906-1967), dite « la chienne de Buchenwald » est la femme du commandant Karl Otto Koch. Son mari quitte Buchenwald en 1941, mais elle reste jusqu'au 24 août 1943, ce qui explique que Jean-Paul Krémer a effectivement pu voir passer ces peaux humaines. Elle est alors arrêtée et accusée de détournement de fonds et d'assassinats de prisonniers. D'abord relaxée pour manque de preuves, elle est à nouveau jugée en 1947 avec 30 autres criminels de Buchenwald, par le tribunal militaire américain de Dachau qui la condamne à la réclusion à perpétuité. Étrangement, elle sera libérée deux ans plus tard par le général Lucius Clay, gouverneur militaire américain, car « il n'y avait pas de preuve convaincante qu'elle avait sélectionné des détenus pour l'extermination en vue de récupérer leur tatouage. » Emprisonnée à nouveau en 1951, elle se pendra à la porte de son cachot en 1967, à 61 ans, dans la prison pour femmes d'Aichach. Voir aussi : Pierre Durand, *La chienne de Buchenwald,* Temps actuels, 1982.

[12] Karl Otto Koch (1897-1945). Après avoir été commandant du siège de la Gestapo à Berlin (1935-1937), puis du camp de Sachsenhausen, il devient commandant du KL-Buchenwald. Il « incarne le SS idéal. Son commandement peut être quali-

les autres peaux humaines avec lesquelles étaient confectionnés des portefeuilles, sacs à main, etc. Ilse Koch avait dans son salon un grand lampadaire fait d'ossements humains (tibias, côtes) qui avait six ou huit panneaux tendus de peaux de détenus. Pour cela elle avait demandé la peau de six ou huit poitrines de détenus aryens – non-juifs !

La Résistance française

Il faut noter qu'à Buchenwald, tout comme au Struthof, il fallait se mettre au travail dès le lendemain de l'arrivée. Ce n'est que lorsque les convois de Français provenant de Compiègne sont arrivés fin 1943 et en 1944 en piteux état (parfois des di-

fié de zélé, scrupuleux, paternaliste, mais aussi marqué par le sadisme, avec l'organisation personnelle de tortures et d'exécutions dont les victimes sont principalement les Roms et les Juifs. » (Dominique Orlowski (dir.), *Buchenwald par ses témoins, Histoire et dictionnaire du camp et de ses Kommandos*, Paris, Belin, 2014, p. 293). Sa gestion criminelle (il organise une sorte de mafia SS, pratiquant toutes les formes de corruption et de violence) rencontre la désapprobation au sein même du système SS. Il finit par être condamné à mort et exécuté le 5 avril 1945, par la SS, à Buchenwald ! Entre 1942 et 1945, il a encore participé à la « Solution finale » dans le centre de mise à mort de Majdanek.

zaines de morts dans les wagons) que l'organisation du camp a trouvé la solution.

Vu que les Blocks étaient surchargés (nous dormions à 4 dans les couchettes à 1 qui se trouvaient côte à côte !), des tentes avaient été dressées en bas du camp, mais toujours dans le camp quoique séparées d'un grillage – mais aussi et surtout pour les mettre en quarantaine, prétextant aux SS qu'il y avait parmi les nouveaux arrivants des cas de typhus et des morts. Pour empêcher une épidémie la quarantaine s'imposait[13]. Les Français l'appelaient le « Petit camp ». Les SS en avaient une peur bleue et ne rentraient pratiquement pas dans ce « Petit camp », tout juste pour en faire le dénombrement matin et soir. Les détenus n'avaient pas à rester debout aussi longtemps, et retournaient aussitôt dans les baraques.

Ils n'allaient pas travailler dans la journée. Travailler, c'est ce que les Français ne comprenaient

---

[13] La longueur de la quarantaine est variable, entre 7 et 21 jours. Les conditions de vie au « Petit camp » sont terribles. Il se transforme progressivement en mouroir où malades et invalides s'entassent ; le spectacle à la Libération est atroce. La plupart des photographies connues du grand public sont prises, à ce moment-là, dans le « Petit camp ». Voir Annette Wieviorka, *1945, La découverte*, Paris, Seuil, 2015.

pas, étant habitués à Compiègne à l'oisiveté. Aussi étaient-ils indisciplinés, voire même sales aux yeux des anciens détenus. Ils rouspétaient et ne se mettaient pas facilement en rang pour les appels, il fallait les faire sortir de force de leurs châlits et de leurs baraques. Ils ne comprenaient pas que si ce n'était pas en ordre, en rang et un semblant de garde-à-vous pour l'appel, c'étaient le chef de Block et les *Stubendienst*[14] qui trinquaient ! Pareil pour la propreté autour et dans les baraques[15].

---

[14] Adjoints du *Blockältester* (chef de Block) et responsables de la chambrée (ordre, hygiène, distribution des rations, courrier). En général, ce sont des communistes allemands (voir note 53), qui acceptent un risque en se trouvant dans une position de responsabilité vis-à-vis de la SS. Malgré les critiques sur la dureté de leur comportement et la corruption de quelques-uns, leur présence à des postes de commandement signifie une amélioration d'ensemble par rapport à la domination des « verts ». Les Français qui arrivent ignorent l'histoire, les coulisses, et les enjeux globaux de la maîtrise administrative du camp, ce qui explique qu'ils rendent responsables les détenus allemands de leur sort.

[15] Jean-Paul Krémer répercute ici la vision négative que les anciens détenus avaient des Français. Plusieurs convois de Français arrivent entre septembre 1943 et mai 1944 ; leur population est hétéroclite, réputée pour son indiscipline, et contient beaucoup de droits communs, à la moralité douteuse. D'abord isolés (0,1% des prisonniers en 1942), puis de plus en plus nombreux (15% en 1944), ils sont rejoints par

Et lorsque la quarantaine prenait fin, certains (en 1944) étaient envoyés dans des *Kommandos* extérieurs, mais d'autres prenaient leur place dans les Blocks. Et ils ne comprenaient pas la discipline « militaire » qui était imposée dans les camps par les SS : se mettre au garde-à-vous et y rester, marcher au pas en sortant en *Kommandos*, se mettre au garde-à-vous quand on rencontrait un SS, etc. Ils ne s'y soumettaient pas, ou alors par force en maugréant. Ils étaient alors remarqués par les SS qui bien sûr sévissaient, les prenaient en grippe – aussi, s'il y avait beaucoup de morts, qui n'auraient pas dû mourir à ce moment-là, c'était bien à cause de cela.

Et en plus, ils croyaient que les *Kapos* des Blocks étaient méchants ! Il y avait quelques *Kapos* « verts » (criminels allemands), mais plus beaucoup car ce sont les « rouges » qui avaient le dessus depuis la mi-1942 ; ces « verts » étaient allemands de cœur et sévissaient durement envers les

---

des figures importantes de la Résistance (dont beaucoup de militants communistes). Progressivement, ils parviendront à s'organiser pour défendre leurs intérêts, principalement grâce à Frédéric-Henri Manhès (1889-1959, n°42 040), adjoint de Jean Moulin, et Marcel Paul (dirigeant communiste, n°53 067), qui créeront le Comité clandestin des Intérêts Français (CIF) en juin 1944.

autres nationalités pour imposer la discipline. Il y avait dans la journée des inspections des SS, et gare au chef de Block si tout n'était pas nickel ! Il y en avait qui, du jour au lendemain, étaient appelés, envoyés dans des *Kommandos* extérieurs, à la carrière, etc. Le travail de ces *Stubendienst* n'était pas de tout repos : la journée de travail, en plus du nettoyage, des corvées de portage, nettoyage des allées, balayage de la neige en hiver, chercher, matin et soir, les marmites bouillantes de « thé » ou de « café » depuis les cuisines jusqu'aux Blocks, puis les ramener ensuite bien nettoyées, etc., etc.

De même, pour la propreté personnelle (les vêtements que l'on s'efforçait de tenir présentables autant que l'on pouvait, car pantalons et vestes ne nous étaient pas changés, juste la chemise et les chaussettes tous les 15 jours ou plus). Nous nous lavions tôt le matin, nus et à l'eau froide bien sûr, en sortant du dortoir avant de s'habiller, pour éviter poux et vermine. Cela, beaucoup de Français, Russes ou Ukrainiens ne le faisaient pas. En quarantaine et dans les Blocks il fallait les y obliger ! Pour eux, c'était alors des chicaneries, des sévices, etc. C'est ainsi que les poux ont commencé à pulluler. Et dire que les Français traitaient les détenus allemands de « boches », les invectivaient parfois ouvertement et leur faisaient sentir leur haine, comme si les malheurs du camp étaient la faute des anciens détenus !!

Certains Français voulaient se prévaloir d'être des communistes auprès des anciens détenus allemands (communistes) ; pour certains, cela était vrai, d'autres pas. Ces anciens détenus allemands me demandaient parfois : «Toi qui est Alsacien français, qu'est-ce que tu en penses, est-ce qu'on peut se fier à eux ?»

Après la guerre, ces Français ont prétendu avoir organisé une résistance dans le camp, alors qu'il existait déjà une organisation souterraine d'entraide clandestine, pour, dans la mesure du possible, atténuer les sévices et sauver des vies. J'en fus au bénéfice, lorsqu'ils m'aidèrent à me soustraire à la vindicte de cet officier SS, quoiqu'ils savaient que je n'étais pas un communiste mais un croyant. Ils me respectaient et me disaient : «Il faut que tu vives, tu es jeune, il faut qu'il y ait des témoins de ce qui s'est passé, une fois la guerre finie...» Car beaucoup de ces anciens ne se faisaient pas d'illusions, ils pouvaient être exterminés d'un moment à l'autre – certains l'ont été (comme le chef du Block au Struthof). Ils me disaient aussi : «Fais attention ! Pas qu'il t'arrive comme à Paul Schneider (pasteur)[16] ». Il avait été mis au *bunker* pendant des mois, martyrisé par les SS et mis à mort.

Mais pour les communistes français[17] c'était tout autre chose. Marcel Paul[18], par exemple (qui

---

[16] Paul Schneider (1897-1939), aussi appelé le « prédicateur de Buchenwald », est un pasteur martyr de l'Église confessante allemande (n°2 491). En 1937, il est déporté pour avoir dénoncé le nazisme et les lois raciales dans ses prêches. En 1938, la SS l'enferme au *Bunker* car il refuse de se découvrir devant le drapeau à croix gammée lors de l'anniversaire de Hitler. Le 18 juillet 1939, il est assassiné, après des jours de torture, par une injection de strophantine (toxique cardiaque), sans avoir rien renié de sa foi.

[17] Le rôle de la Résistance française à Buchenwald a suscité de vives polémiques à la Libération, comme le montre la vigueur de la critique qui suit contre l'action de Marcel Paul. Olivier Lalieu en présente tous les aspects dans un livre remarquable : *La Résistance française à Buchenwald*, Paris, Tallandier, « Texto », 2012.

[18] Marcel Paul (1900-1982) arrive à Buchenwald le 14 mai 1944, après être passé par Compiègne et Auschwitz. Enfant abandonné, recueilli par l'assistance publique, il devient syndicaliste, militant communiste et, dès 1940, entre dans la Résistance. À Buchenwald, son autorité lui permet de structurer une organisation communiste et d'unifier les Français pour une résistance plus efficace, en lien avec la direction clandestine allemande, qui voit en lui un interlocuteur valable. À son retour des camps, il sera ministre

est arrivé, je crois, en mars 1944 du convoi des «tatoués» d'Auschwitz), a su se faire prévaloir (sic) et a eu un poste dans l'*Arbeitsstatistik*, et faisait les listes (avec d'autres) des numéros pour les convois/*Kommandos* extérieurs, tels que Dora. Lorsque les SS en demandaient 500, 2 000, ou 3 000, Marcel Paul faisait bien de la discrimination. Un exemple que je peux certifier: Lucien André (n°10 564), un Lorrain qui était arrivé en même temps que moi à Buchenwald depuis le Struthof, est allé voir Marcel Paul et lui a demandé de rayer le numéro d'un jeune qui avait été mis sur la liste: «A-t-il la carte? (sous-entendu du parti communiste)» - «Non» - «Alors je ne peux rien faire pour lui», telle fut sa réponse! Et le jeune a dû partir[19]. Ainsi, Marcel Paul a prétendu

---

de la Production industrielle du gouvernement De Gaulle.

[19] L'*Arbeitsstatistik* est au cœur de la polémique. C'est un bureau tenu par les résistants, chargé de fournir les contingents de travailleurs aux SS; il est donc responsable des transports et ses fonctionnaires ont le pouvoir de privilégier certains prisonniers en leur évitant, par exemple, les *Kommandos* les plus durs. Pour cela, ils ont souvent été accusés d'en favoriser certains (les «pistonnés») et d'en abandonner d'autres en fonction de leur appartenance nationale ou politique (clientélisme). De fait, le système de sauvetage a des limites évidentes: lorsqu'un nom est enlevé d'une liste, il faut en mettre un autre à la place. C'est une vie pour une autre, et pour la

avoir sauvé des milliers de vie lors des derniers jours de Buchenwald, mais cela n'est pas vrai[20].

Cette organisation de «résistance» des quelques Français communistes aurait pu être fatale à tout le camp, si elle n'avait pas été tenue en bride par l'organisation clandestine des Allemands qui avaient une influence dans la direction interne du camp. Ils avaient peur que les communistes français ne fassent des «bêtises» qui auraient provoqué les représailles sans pitié des SS. L'organisation existait déjà avant que Marcel Paul ne vienne. C'est grâce à cette organisation qui prétendit qu'il y avait des cas de typhus et d'autres maladies contagieuses que les détenus avaient obtenu des SS que ces convois soient mis en quarantaine, dont Marcel Paul qui a ainsi eu la vie sauve.

---

majorité des appelés, il n'y a pas d'échappatoire, faute de relations.

[20] La critique de Jean-Paul Krémer n'est pas isolée ; elle est présente, «non sans approximation ou exagération parfois», dans de nombreux témoignages publiés dès 1945. Voir Olivier Lalieu, *op. cit.*, p. 208. Elle porte aussi sur la survalorisation de la Résistance française à Buchenwald par Marcel Paul, qui affirme ses mérites à des fins politiques, dans le contexte de l'après-guerre. Difficile de ne pas percevoir chez Krémer, malgré tout, la trace de préjugés anti-français, dans la mesure où les communistes français firent aussi profiter de leur influence beaucoup d'autres résistants.

Bien sûr, des armes avaient été introduites et cachées dans le camp à l'occasion du bombardement des usines et autres bâtiments, juste à côté du camp. Très peu le savaient, car cela aurait été catastrophique si les SS l'avaient soupçonné. De toute façon, qu'aurait-il été possible d'entreprendre avec quelques dizaines de fusils et grenades, même dans les derniers jours, lors de l'évacuation d'environ 30 000 détenus ? Et justement, à ce moment-là moins qu'à un autre, car les SS avaient les nerfs à fleur de peau, et à la moindre provocation, cela aurait dégénéré pour tous les détenus. C'est ce que la direction clandestine interne craignait, que les Français agissent stupidement, ils me l'ont dit.

Les anciens détenus savaient très bien comment les SS agissaient dans de telles éventualités. Il y avait l'exemple de Sobibor, où une révolte bien orchestrée et préparée par le *Kommando* du crématoire (ces hommes n'avaient rien à perdre car ils étaient sûrs de mourir et le savaient : ceux qui travaillaient au crématoire, étaient liquidés après quelques mois, et d'autres les remplaçaient.) Des officiers SS qui se trouvaient dans le camp ou qui entraient dans une baraque ou un bureau étaient assassinés en douce pour ne pas alerter ceux de l'extérieur. Un groupe a réussi à sortir du camp par la clôture, mais ce fut immédiatement le branle-bas de combat et l'alerte. Certains détenus ont réussi à s'enfuir dans la forêt et à rejoindre des groupes de partisans en Pologne, mais la plupart ont été repris, terriblement maltraités et abattus, pendant que dans le camp les mitrailleuses étaient à l'œuvre et tuaient tout ce qui bougeait. Certains ont subi pendant des jours les pires sévices de la part des officiers SS, pour périr finalement. La direction interne l'avait appris par un rescapé qui fut transféré quelques mois plus tard à Buchenwald. Ce sont ces détenus allemands qui me l'ont dit. Mais ils n'avaient pas besoin de cet exemple pour savoir comment les SS réagissaient pour bien moins. Tout le camp debout sur la place d'appel pendant une journée et une nuit et plus. Ou au Struthof, avant que j'arrive, tout le camp complètement nu en plein hiver à 5 h 30 du matin sur la place d'appel jusqu'à midi – plusieurs morts, puis d'autres encore par la suite (pneumonies, etc.).

Et dire que ces détenus du groupe Résistance ont eu le culot de dire qu'ils avaient empêché des milliers de ne pas être évacués pendant les deux-trois derniers jours ! Et surtout quand ils prétendent avoir libéré le camp !!

La fin[21]

Car les SS des camps avaient reçu l'ordre d'Himmler d'évacuer si possible tous les détenus à l'approche des troupes alliées (fronts est et ouest) et de détruire toutes les baraques, les infirmes, et les prisonniers restants, avec les archives, etc.

Ils ont donné l'ordre à ceux du crématoire d'ôter les crochets fixés au mur du sous-sol (ils ne sont pas arrivés à tous les enlever), crochets semblables à ceux des boucheries auxquels sont suspendues les carcasses des bêtes – mais là, au sous-sol du crématoire, c'étaient des hommes qui y étaient accrochés par le menton ! Oui ! Et ils avaient reçu l'ordre de blanchir les murs qui étaient pleins de sang. Mais sous la chaux, je l'ai vu moi-même après la Libération, en grattant, on voyait bien le sang. Déjà le 7 avril cela avait commencé. Lorsque les 6, 7, 8, 9 et 10 avril, les SS ont donné l'ordre aux Blocks et à ceux du « Petit camp » de monter

---

[21] À Buchenwald, la résistance clandestine internationale a joué un rôle spécifique dans la libération du camp. D'âpres débats ont eu lieu ensuite, entre les rescapés, pour en déterminer la portée réelle : certains en ont fait un moment héroïque, rapidement devenu mythique, et d'autres l'ont fortement minimisée. Dans cette partie, Jean-Paul Krémer, témoin des événements, donne son point de vue.

en rang vers la place d'appel, la direction interne du camp a fait ralentir le processus (en douce bien sûr) : attente devant le Block alors que tous étaient en rang, de nombreux arrêts dans les allées en montant vers la place d'appel, pendant que le haut-parleur de la tour hurlait « Plus vite ! »

Des SS sont descendus pour activer la montée, et c'est ainsi que des milliers ont quitté le camp. Les alertes aériennes nous ont bien aidés – les avions américains ou anglais étaient annoncés, la sirène marchait et tous devaient se mettre à couvert dans les baraques. Les SS aussi déguerpissaient, trouillards qu'ils étaient à ces occasions ! Les détenus n'attendaient pas que les sirènes retentissent pour redescendre et s'engouffrer dans les baraques jusqu'à la fin de l'alerte. Ainsi, le processus d'exécution était retardé, et il fallait tout recommencer. Le 10, je l'ai fait plusieurs fois avec le Block 39. Nous n'avions plus d'eau car les SS avaient fait sauter les installations.

Il faut dire que les derniers jours, nous pouvions entendre et voir pendant la nuit les coups de canons au loin, sur les collines au nord et au sud, des troupes alliées qui avançaient. Les SS bien sûr le savaient aussi. Je ne parle pas des bombardements des villes au loin pendant les nuits, le ciel était clair par les embrasements – on aurait pu lire le journal – alors que pendant les alertes, toutes les lumières et projecteurs du camp étaient éteints.

Mais la garde des SS sur les miradors avait été renforcée, ainsi qu'entre les miradors...

Cela allait mal, et le pire était à attendre si les SS ne parvenaient pas à évacuer tout le camp. Les anciens détenus allemands savaient que c'était très critique. Bruno Schade et d'autres m'avaient dit : « Lorsque ça tournera mal, tâche de venir à la cordonnerie ! » Il y avait dans le réduit où était le tas de chaussures en attente d'être réparées, une porte qui donnait sur une galerie souterraine, oh, pas très large, mais l'on pouvait s'y faufiler. Cette galerie abritait des conduites d'eau, et allait vers le bas du camp, jusqu'aux cuisines : « Là, il y a peut-être des chances d'échapper ». Car ils craignaient à juste titre la destruction et l'extermination de tout le camp, par bombardement ou bombe à gaz.

Quelques remarques encore sur le déroulement des derniers jours.

L'après-midi du 6 avril dans les haut-parleurs : «Tous les détenus Juifs doivent se présenter sur la place d'appel ! » Il y avait environ 6 000 Juifs au Block, tous en très mauvais état physique. Le *Lagerältester*, Hans Eiden, est allé dire aux SS :

« Les Juifs ont peur, je suggère d'attendre jusqu'à demain matin de bonne heure et nous amènerons les Juifs avec le *Lagerschutz* au *Tor* ». Pendant cette nuit, les Juifs ont enlevé l'étoile de leurs vêtements et se sont cachés dans d'autres Blocks et partout, avec l'aide des détenus allemands.

Le 6 avril, 46 numéros devaient se présenter à la porte (32 Allemands, 5 Hollandais, 4 Tchèques, 2 Autrichiens et 2 Polonais qu'ils avaient l'intention d'assassiner). Tous étaient des détenus en situation de responsabilité dans le camp ; un agent de la Gestapo les avait donnés comme instigateurs de l'opposition. Ils ont été cachés dans le camp au *Revier*, derrière des parois, etc.

L'évacuation du camp avait commencé le 4 avril. 7 905 détenus, dont 3 105 Juifs avaient été évacués vers le KL-Flossenburg. Sur le trajet jusqu'à Weimar, 40 ont été abattus (les corps ont été ramenés au crématoire). Le convoi a finalement été détourné et, à cause des bombardements, dirigé vers Dachau. 230 détenus ont encore été frappés à mort ou abattus.

Le 2e transport – 7 avril – 1 500 détenus ont été évacués vers Leitmeritz.

Le 3e transport : 4 480 détenus (la plupart étaient arrivés d'Ohrdruf S III) sont arrivés 21 jours après : 1 500 seulement étaient encore en vie.

Le dimanche 8 avril, les chefs de Blocks sont appelés à 11 heures au *Tor*. Un SS leur déclare : « À 12 heures, tout le camp doit être vidé ! » - « Non, nous n'allons pas ! » ont-ils répondu. Par la suite, un SS hurle dans les haut-parleurs : « Les chefs de Blocks doivent faire monter tous les détenus vers la place d'appel ! » Personne n'a bougé.

À 14 heures, des SS en armes sont entrés dans le camp et en une heure 9 600 détenus sont rassemblés et poussés au dehors.

À 15 heures, les SS sont à nouveau sortis.

Ce 8 avril, à 13 h 30, le poste radio-émetteur (qui avait été construit et caché dans le camp) envoie des messages en anglais, russe et allemand : « Ici le camp de concentration de Buchenwald SOS – nous demandons de l'aide – on veut nous évacuer – les SS veulent nous exterminer ! » La réponse de l'armée américaine en anglais disait : « Camp de concentration de Buchenwald, tenez bon – nous nous dépêchons pour vous venir en aide ! État-Major de la 3e Armée ».

Le lundi 9 avril fut le jour où il y eu la plus

longue alerte aérienne. Par deux fois la sirène s'est mise en marche, et l'alerte n'a pris fin que 9 heures plus tard. Personne n'est arrivé à la place d'appel. 30 heures auparavant, le camp aurait dû être vidé, et il y avait encore 31 000 détenus dans le camp.

Tôt le matin du 10 avril, un nouvel ordre est donné par Pister, le commandant : « Le camp sera entièrement évacué aujourd'hui. À 11 heures, les prisonniers de guerre russes partent dans un transport spécial, et ensuite suivront tous les détenus en groupe de 4 000, toutes les deux heures ! »

Les prisonniers de guerre russes – environ 800 – se sont mis en rang, et tout en faisant semblant de se grouper, se mettre au garde-à-vous, etc., ont fait durer le départ, pour finalement aller dans un ordre parfait, au pas, vers le *Tor*, mais avec deux heures de retard.

Les derniers transports quittèrent le camp le 10 avril, environ 10 000 détenus en tout, de sorte qu'il en restait encore environ 21 000 dans le camp le mardi soir. Un transport en wagons de marchandise fut 27 jours en route et arriva le 7 mai au camp de Theresienstadt – 1 200 à 1 300 étaient encore en vie, 200 à 300 étaient morts durant le convoi.

Dans la nuit du 9 au 10 avril, ces meurtriers SS en ont exécutés plusieurs au crématoire et 24 dans le *bunker*, ainsi que quelques soldats SS (16 si je me souviens) qui avaient été condamnés pour tentative d'évasion / désertion, et qui se trouvaient dans les cellules.

Des officiers SS se sont fait ouvrir le bâtiment de la *Effektenkammer* et ont pris l'argent, les montres et autres objets de valeur d'environ 200 détenus, et ont mis le tout dans une grande caisse. Ils avaient volé aussi les papiers personnels, pièces d'identité, de bien des détenus – probablement pour voler aussi leur identité et pouvoir se cacher.

Le matin du 11 avril, on entendait des détonations à environ cinq kilomètres, de l'autre côté de la colline.

À 11 h 45, retentit : «Alerte à l'ennemi ! » Les SS, tout à fait alarmés, couraient en tous sens. Le commandant Pister et ses officiers proches avaient déjà pris la fuite.

À 12 h 10, un officier SS a ordonné dans les haut-parleurs : «Tous les SS qui sont dans le camp doivent immédiatement partir ! » Certains détenus savaient par celui qui travaillait dans les bureaux que le commandant Pister avait appelé l'aérodrome de Nora et donné l'ordre, d'après Himmler, d'envoyer des avions pour bombarder et détruire le camp[22]. Mais il n'y avait pas d'avions bombardiers de disponibles, et il a alors suggéré d'envoyer de petits avions avec des bombes à gaz.

À 15 h 15, le drapeau blanc flottait sur la tour.

Nous en avons eu la confirmation par la suite : un groupe avec lance-flammes avait été commandé le

[22] La question de la destruction des camps est complexe, à cause des revirements d'un pouvoir nazi à l'agonie. Au départ, il semble avoir été laissé à la décision des chefs SS de livrer le camp ou de l'évacuer. Mais en janvier et février 1945, ils obéissent à de nouvelles directives leur demandant de supprimer les prisonniers « dangereux ». Himmler paraît avoir temporairement renoncé à la destruction totale des détenus, dont certains pouvaient encore lui servir de monnaie d'échange dans d'éventuelles tractations avec les Alliés, mais il change encore d'avis dans une ultime directive du 18 avril. Entre temps, à partir du 5 avril, le commandant Pister procède aux premières évacuations vers Dachau et Flossenbürg, toujours sur ordre d'Himmler, et un grand nombre de prisonniers est poussé vers l'intérieur du Reich dans les terribles « marches de la mort ». En fin de compte, en avril 1945, le régime nazi en pleine déroute ne sait plus quoi faire des centaines de milliers de prisonniers qu'il a sur les bras. D'où les directives et des situations souvent confuses, dans un contexte de décomposition générale. Voir Ian Kershaw, *La fin, Allemagne 1944-1945*, Paris, Seuil, « Points Histoire », 2012, p. 598.

matin du 11 avril pour détruire le camp. Au début de l'après-midi, ils étaient en route mais ont été interceptés par les Américains.

L'émetteur-récepteur de radio, construit par les détenus pour avoir des nouvelles des radios étrangères, était caché dans les combles de la baraque du Cinéma. Car il y avait un cinéma ! Pour les visites de l'Armée ou de la Croix-Rouge, cela faisait bien : «Voyez-vous les détenus ont leur salle de cinéma» !! Il y avait même un *Puff*, un bordel, avec une dizaine de femmes ou plus dans une baraque vers le bas du camp, à la disposition des SS et parfois de certains *Kapos* du camp ; les SS leur permettaient d'y aller comme une faveur particulière, pour avoir, pensaient-ils, une collaboration plus sérieuse : mais ceci est encore une autre histoire !

Très peu étaient au courant de l'existence de ce poste de radio, car cela était dangereux. Après l'envoi du message SOS, le 8 avril, les Américains ont fait une poussée en direction de l'Ettersberg, la colline où se trouve le camp. Cela explique la panique des SS et leur fuite. Il n'y avait plus un seul SS dans la tour à 13 heures.[23]

---

[23] La chronique de la «fin» de Buchenwald par Jean-Paul Krémer s'appuie sur d'autres témoignages et sa mémoire est soutenue par les récits historiques qui en ont été faits depuis.

Ce n'est donc pas le groupe des « charpentiers », de la Résistance du camp qui a libéré le camp, comme les Français le prétendent. Il y avait, il est vrai, des gardes SS dans les miradors, et d'autres encore vers les casernes. Un détenu allemand, électricien – employé aussi à l'entretien des installations électriques – est sorti du camp et a coupé l'alimentation des fils barbelés. C'est alors que d'autres détenus ont coupé des ouvertures dans la clôture avec des cisailles. Des prisonniers ont pu sortir librement et les gardes (des SS Ukrainiens) se sont rendus. Il n'y a pas eu un seul coup de feu, tous ceux présents à ce moment peuvent en témoigner. Il y a eu des coups de feu plus tard, pendant la nuit, dans la forêt, quand des prisonniers ont tiré sur du gibier ! Certains gardes SS ont été arrêtés dans la forêt ou vers les casernes, puis amenés au camp, mis dans une baraque où ils étaient bien gardés, pour qu'ils ne s'échappent pas – mais surtout pour les garder et les protéger de la vin-

---

Il est difficile de démêler la parole du témoin de ce qu'il a lu et entendu entre la Libération et le moment de la rédaction de son témoignage. Parmi les sources probables : *Konzentrationslager Buchenwald, 1937-1945. Begleitband zur ständigen historischen Ausstellung*, herausgegeben von der Gedenkstätte Buchenwald, erstellt von Harry Stein, Göttingen, Wallstein-Verlag, 1999.

dicte de certains prisonniers qui auraient voulu les molester en représailles. Mais la direction interne du camp voulait à tout prix empêcher cela. D'ailleurs, la plus grosse partie du camp ne savait pas que des SS étaient gardés là (environ 200) et ils ont été remis entre les mains de l'armée américaine.

Oui, des détenus ont été postés avec des armes, en embuscade, au cas où les SS reviendraient. Il y a eu, après que les premiers Land Rover de l'armée américaine sont arrivés (et aussi des chars le lendemain), un coup de téléphone dans le bureau du commandant. Il était de Weimar, un haut gradé qui demandait le commandant : « Il n'est pas là pour le moment » - « Qu'il vienne immédiatement ! » - « Pour l'instant je ne peux pas l'atteindre » - « Qui êtes-vous ? » Le détenu s'est présenté comme étant l'aide de camp du commandant, toujours d'une manière et en termes militaires allemands.- «Ah bon, est-ce que tous les ordres ont été exécutés ? » - « Oui, mon commandant ! » - «Y a-t-il encore des signes de vie ? » - « Non, plus rien ! »

C'est pourquoi nous restions sur le qui-vive, on ne savait jamais ! On observa le passage d'un petit avion de reconnaissance allemand dans la soirée, mais il rebroussa chemin sous le feu des Américaines. J'ai vu les balles traçantes en direction de l'avion.

Nous n'avions plus d'eau, le 11 avril. Des détenus ont réparé mais des partisans nazis ont fait sauter les conduites d'eau ; plusieurs jours nous n'eûmes pas d'eau. Ce sont les Américains, avec de gros camions citernes, qui nous ont ravitaillés.

Pendant toutes ces années, le Seigneur m'a protégé d'une façon merveilleuse et miraculeuse, alors que je n'aurais pas dû subsister. Déjà lors de l'emprisonnement par la Gestapo, j'aurais dû être fusillé, d'autres l'ont été pour les mêmes raisons et au Struthof, et à Buchenwald.

Chapitre 4

Revenir

2007

Il y a maintenant eu un certain nombre de récits écrits par ceux qui ont connu le martyre des camps de la mort, et qui en sont revenus. Je constate cependant que les Français ne savent même pas qu'il y avait un camp de concentration sur leur sol, en Alsace, le Struthof ; qu'ils connaissent peu de choses sur Buchenwald et ignorent souvent même les camps en Pologne : Auschwitz, Sobibor, Birkenau…[1]

Si durant les années qui ont suivi le retour des rescapés ceux-ci ont relativement peu parlé et publié, c'est que d'une part ce martyre était une expérience terrible et affreuse dont le plus grand nombre était mort, et que d'autre part elle n'a pas été comprise ou crue. Pour cette rai-

[1] Il faut distinguer les camps de concentration, comme celui de Buchenwald, des camps d'extermination. L'historiographie récente préfère d'ailleurs parler de « centres de mise à mort » pour qualifier plus précisément la nature de ces lieux destinés à l'assassinat de masse, immédiat et systématique (Belzec, Treblinka, Sobibor, Auschwitz ou encore Chelmno).

son, les anciens détenus n'ont rien dit, ou peu de choses...[2] La population discutait ou pensait : « Mais non, cela ne peut être possible, cela ne peut pas être vrai, ces années de privation leur ont détraqué la tête ! » J'entendais souvent, lorsqu'on mentionnait avoir été en camp : « Oh oui, mon fils (ou mon mari) était aussi prisonnier de guerre en Allemagne, dans un *Stalag*, et ce n'était pas drôle, il a eu faim (!). Mais lui, c'était pendant cinq années loin de sa famille, pas juste deux ou trois années comme vous ! » J'ai même entendu : «Vous devez vous estimer heureux. Vous étiez trop jeune. Mais mon fils (ou mon mari) a été mobilisé en 1939, et il a fait la guerre, puis prisonnier dans un *Stalag* jusqu'en 45, cela fait six années ! Vous croyez que les boches étaient tendres avec les prisonniers de guerre ? » Ou encore : « Nous aussi en France, on avait faim, il y avait les cartes d'alimentation, etc. »

[2] L'après-Shoah s'est caractérisée par une « première mémoire » à l'audience limitée : récits, commémorations, assemblage de sources pour documenter le génocide et les camps, témoignages juridiques, commissions historiques juives, prises de parole de responsables politiques rescapés ; mais elle se constitua sur l'impulsion des victimes, dans un relatif entre-soi, et le sentiment prévalut de n'être pas entendu. On a pu parler de trois modes de transmission : le rite (commémorations), la pierre (monuments) et l'écrit.

Et puis, qu'étaient les quelques milliers de rescapés des camps de concentration qui sont revenus en France, bien affaiblis et très mal en point pour la plupart, face à la foule des S.T.O. ainsi que des milliers de prisonniers de guerres, qui revenaient dans leur foyers et se plaignaient ? Ces S.T.O., je les ai entendus ! Ils avaient bien sûr été en Allemagne, mais ils travaillaient dans des usines, étaient nourris, logés, payés pour leur travail, etc. Bien sûr, ils étaient séparés de leurs familles, mais ne subissaient pas de sévices comparables...

Au retour, après s'être refait quelque peu une santé, pour pouvoir se réinsérer, étudier, se remettre au travail – quand cela était possible – il fallait à l'ancien détenu étouffer, refouler, occulter, ne pas laisser paraître à ceux qui nous entouraient ce que nous avions vécu, tous ces souvenirs enregistrés dans notre mémoire et gravés dans le subconscient de notre être.

Oui, il a fallu étouffer, faire table rase de l'odeur âcre des crématoires, odeur qui revenait pour peu qu'on soit placé dans une situation où l'on respire un peu de fumée ou du brûlé. Par exemple, un barbecue dans un jardin du voisinage. Car selon la direction du vent, l'horrible odeur revenait sur nous lorsque nous étions sur la place d'appel pendant des heures, qui vous saisissait la gorge, odeur intolérables (car il s'agissait de nos camarades morts). Et ainsi, même encore maintenant, je ne peux m'empêcher de penser immédiatement au crématoire.

Oui, il a fallu chercher à écarter ces visions d'agonies atroces, de dégradation absolue des individus, et, plus important et plus difficile encore, pour beaucoup d'anciens déportés, le souvenir des lieux et des hommes qui en étaient responsables.

Pour nous parfois, la simple vue d'un policier ou d'un gendarme (ou de quelqu'un ayant tant soit peu une attitude arrogante ou autoritaire) créait instantanément un sentiment d'effroi, de crainte, de panique, parce qu'ils étaient instinctivement assimilés au SS en uniforme, ou à un sbire de la Gestapo. Moi-même, lorsque je conduisais la voiture de mon père en 1946, lui à mes côtés dans son uniforme de Lieutenant-Colonel des Eaux et Forêts, je ralentissais instinctivement lorsque je voyais un gendarme debout au bord de la route, alors que je roulais normalement.

Lors d'un conseil de révision à Tours (Centre des Anciens Combattants et Déportés), un docteur examinateur, qui constatait que j'étais alsacien, m'a dit d'une voix autoritaire : « Ce n'est pas vrai, vous n'étiez pas en camp de concentration ! Vous n'avez pas été déporté ! À votre âge, vous n'étiez pas en camp de concentration, vous étiez dans la Wehrmacht ! » Je lui certifiai que non, que justement je l'avais refusé, mais il criait encore plus fort : « Ce n'est pas vrai, vous étiez soldat allemand ! Etc. » Si bien que je restai tranquille, pensant : « Tu peux toujours parler, crier ce que tu veux, cela ne change rien à ce que j'étais : déporté résistant, entre les mains de la Gestapo, au Struthof et à Buchenwald ! »

Mais par la suite, j'ai reçu une notification que le taux de ma pension d'invalidité, non seulement n'avait pas été confirmé, mais réduit fortement ! Je leur ai écrit deux fois qu'il y avait sans doute une erreur de dossier, que j'avais été confondu avec un autre. Car j'avais déjà auparavant signé une feuille par laquelle j'acceptai le taux qui m'était attribué, et que ce taux ne pouvait être diminué, tout au plus augmenté lors de la révision. Mais les deux fois il m'a été répondu que c'était la décision du conseil de révision, et que je n'avais pas droit à plus.

J'ai finalement écrit au centre de Paris, où l'on m'a demandé une photocopie certifiée conforme de ma carte de Déporté-Résistant et j'ai finalement été rétabli au taux que j'avais auparavant – après presque un an. Mais je n'ai pas été remboursé de ce qui m'avait été déduit. L'attitude de ce médecin est tout à fait typique de ceux qui considèrent les Alsaciens comme des Allemands qui ont servi dans la Wehrmacht.

C'est ce docteur que je peux remercier (façon de parler) d'avoir par la suite dû être opéré, suite à une sténose (rétrécissement) occasionnant un passage très difficile et douloureux des selles. Il s'est avéré que l'origine en était cancéreuse, ce qui a occasionné des mois de chimio. Mais pour ce médecin qui m'avait examiné, je n'avais absolument rien aux intestins…

Ces années dans les camps ont laissé des traces, des cicatrices mentales et physiques. Et certains ne s'en sont jamais remis. Raconter le passé, c'est en quelque sorte rouvrir ses cicatrices pour s'obliger à replonger dans l'enfer du camp et de ses horreurs. Quantité de survivants ont passé et passent des nuits de cauchemars, rêvent qu'ils se trouvent à nouveau dans les camps, hurlant même, pour se réveiller en sursaut, couverts de sueur, et constater que ce n'est qu'un rêve. Un camarade belge (Jean Stephany) avait au début de chaque nuit un cauchemar. « Chaque fois je me demandais : qu'ai-je pu bien faire pour me retrouver dans le camp ?» Des années plus tard (en 1980), il m'a dit que ça allait mieux. Il n'avait plus que deux ou trois cauchemars par semaine.

Oui, ce fut une expérience terrible, affreuse. Dans ces camps, nous avons connu ce que l'humanité est capable d'atteindre quand elle met au service de sa cruauté et de son fanatisme une méthode et un mécanisme sans défauts. Nous avons subi un calvaire terrible en vue d'une extermination totale, et ceci de la part d'un grand peuple civilisé, qui, en quelques années d'aberration collective, est descendu si bas. Bien sûr, tous les Allemands n'étaient pas nazis, mais ils n'osaient rien dire, et on ne se rendait pas compte de ce qui se faisait réellement, ce qu'enduraient les opposants. Mais ils savaient bien ce qui se passait pour les Juifs. Et pour les camps de concentration, ils se doutaient bien de quelque chose, puisque l'on disait : « Si tu ne files pas droit, si tu ne plais pas aux nazis, tu iras au KL, tu iras à Dachau... »

Pour les générations futures, cela apparaîtra comme le phénomène le plus monstrueux et le plus inexplicable de notre temps.

Mais nous, les rescapés, nous sommes là, en quelque sorte des revenants sortis de la plus grande nuit des temps. Nous sommes aussi les témoins des violences et des tortures endurées par tous nos compagnons de misère, de tous ceux qui ne sont pas revenus, des milliers, des millions qui ont agonisé dans ces camps. Les plus heureux, si l'on peut utiliser ce terme, sont ceux qui, après le transport dans des conditions abominables, ont été immédiatement conduits à la chambre à gaz, (« Déshabillez-vous, vous allez aux douches pour vous laver ! » leur disaient-ils) et ensuite enfournés dans les crématoires. Pour eux, c'était terminé en l'espace de quelques heures.

Mais nous sommes là pour témoigner et pour avertir afin que tout ceci, ce crime contre l'humanité, ne se renouvelle pas. Mais on se demande si le monde a pris à cœur ces événements et ces avertissements.

Pierre Sudreau, KLB n°53 273, ancien dirigeant de la Résistance et ancien ministre du Général de Gaulle, a dit ceci dans un discours lors du cinquantenaire, le 9 avril 1995, sur la place d'appel de Buchenwald :

> Comment l'Allemagne, riche d'une culture incomparable, a-t-elle été engagée dans un tel système ? Question fondamentale, qui concerne non seulement les Allemands, les Européens, mais l'humanité tout entière : est-on vraiment sûrs en effet, qu'avec l'expan-

sion de la démographie, la liberté ne subira pas des atteintes graves à travers le monde, la multitude engendrant le culte du chef ? Les Allemands ont été les premières victimes du système. Les premiers camps ont été construits par et pour les prisonniers allemands supposés opposants, chrétiens, socialistes, communistes, dans des conditions infiniment plus dures que celles que connurent les déportés étrangers plus tard (sauf bien entendu les derniers mois de la guerre).

La descente aux enfers est rarement exaltante. Je prononce ces mots en pensant tout particulièrement à mes chers camarades de misère présents aujourd'hui. Évoquer l'ambiance concentrationnaire a toujours été une épreuve pour les déportés. C'est même un exercice dangereux. Le mécanisme du subconscient est à la fois subtil et captivant… Lorsqu'on se remémore certains moments difficiles, ce sont des souvenirs imprévus et que l'on croyait enfouis à jamais qui « remontent à la surface ». Et généralement ils sont douloureux. Les « détails » reviennent. Parfois même ils vous accaparent, vous poursuivent, deviennent lancinants. Le temps passé est omniprésent. La chaine des souvenirs peut alors devenir étonnement lourde à porter.

L'Europe, confite dans son confort et ses fausses certitudes, n'aime pas évoquer ce passé. Il le faut pourtant, pour le devenir de notre civilisation. Les Européens doivent cerner le passé, c'est-à-dire l'analyser, le comprendre, pour mieux le dominer. Cet effort concerne particulièrement les Allemands et les Français. (…)

> Notre siècle va finir. Qu'il emporte avec lui ses guerres, ses milliers de bombes atomiques, ses massacres industrialisés, ses camps de la mort. Puissent ces souvenirs affreux avec la répulsion qu'ils ont suscitée, provoquer l'horreur de la bestialité. Inviter à respecter les « autres », en attendant de mieux le comprendre et nous aider à construire un monde nouveau.

Cinquante ans après la délivrance des camps de concentration nazis, l'ancien déporté est placé devant deux attitudes qui ne peuvent être dissociées : l'horreur dont il a été témoin ; la stupeur d'y avoir survécu. Avec peut-être une sorte de culpabilité : « Comment suis-je encore en vie alors que des milliers autour de moi sont morts, ne sont pas revenus, n'ont pas retrouvé leurs familles ? »

Il est un devoir primordial de se souvenir des crimes inqualifiables commis par le régime nazi, alors que des voix de plus en plus nombreuses s'élèvent pour les contester, les nier, les minimiser ou les ignorer.

Il ne faut pas oublier que la plus grande partie de l'Europe a subi la domination nazie avec ses exactions inouïes : pillages, persécutions raciales, répressions féroces, tortures, extermination de millions de personnes (hommes, femmes et enfants) notamment dans les camps de concentration.

2005

À l'occasion du soixantième anniversaire de la libération des camps de concentration nazis, des images ont été montrées à la télévision. Elles ont fait vivre des instants terrifiants de la perversité humaine. Ceux qui ont vu certaines scènes ou entendu les récits de rescapés ne peuvent s'empêcher de se demander comment des hommes ont pu imaginer une telle ignominie. Comment des hommes respectueux de la loi, éduqués, intelligents, pouvaient traiter des êtres humains moins bien et bien pire que des animaux ?

Tous ces hommes, ces femmes, ces enfants envoyés par les nazis dans les camps de concentration ont connu un sort que les mots ne suffisent pas pour le qualifier. Et pourtant la leçon de tous ces crimes n'a pas été entendue. D'autres génocides ont suivi depuis 60 ans : Cambodge, Bosnie, Sibérie, Tibet, Darfour, Soudan, Rwanda, Érythrée, Corée du Nord, Amérique du Sud et tant d'autres.

Après l'Holocauste, des hommes avaient juré : « Plus jamais ça ! » D'autres drames humains continuent à se jouer, sans susciter l'attention médiatique. L'indifférence permet à ces situations de se perpétuer. Pourtant, grâce à internet, aux médias, il n'y a plus de frontières. L'information circule en instantané, mais ils semblent que ces crimes soient comme occultés.

Le tsunami du 22 décembre 2004 dans l'océan Indien, par exemple, a suscité des élans de générosité, de compassion et touché les cœurs ; de grandes sommes d'argent ont été récoltées. Mais les vrais nécessiteux n'en ont pas vu la couleur, et personne ne dit rien ! En revanche les hommes – et particulièrement les médias qui devraient informer – ferment les yeux. Avons-nous appris quelque chose de l'Histoire ? Nous devons ouvrir les yeux. Aujourd'hui, plus que jamais, c'est une certitude, un impératif, qu'une action de mémoire doit être menée.

Les témoins de l'Histoire, un recul historique, devraient permettre aux hommes d'aujourd'hui d'aborder ce sujet avec lucidité, avec sérénité. Les hommes ont le devoir de réagir. Mais le feront-ils ? C'est une question angoissante.

Y a-t-il eu, après 1945, un tel élan de solidarité, de compassion pour les rescapés des camps de concentration, comme il y en a eu pour ceux du tsunami ? Non, pas du tout ! Car le monde n'a pas voulu entendre et croire aux récits de ce qu'était la déportation et l'internement dans les camps de concentration nazis…

Épilogue

Jean-Paul Krémer s'est éteint le 27 février 2016, à l'âge de 91 ans, fidèle à ses convictions religieuses.

Il a reçu le statut de déporté politique en 1954 et le titre de Résistant-déporté en 1956.

Après la Guerre, il passe plus de dix en Écosse, d'abord comme étudiant à l'École biblique de la Faith Mission *à Édimbourg, puis comme aumônier des garçons dans la même institution. La Faith Mission était une mission inter-dénominationnelle, qui avait pour particularité une évangélisation itinérante des villes et des campagnes d'Écosse, d'Angleterre et d'Irlande du Nord.*

En 1960, il revient en France où son père, Émile Krémer, vient de fonder la Mission Foi Évangile *sur le même modèle que la* Faith Mission. *Revêtus d'un uniforme dans le genre de l'Armée du Salut, les « Pèlerins » sillonnent le Centre de la France, vivent en caravane et dressent leur chapiteau sur les places afin de faire connaître la Bonne Nouvelle du Salut en Jésus-Christ.*

Jean-Paul Krémer y consacrera toute sa vie.

Annexes
« Le dossier Krémer »

Figures de protestants déportés

Au KL Natzweiler-Struthof

Yann Roulet (1915-1944)

Né à La Rochelle le 13 février 1915, il fait des études préparatoires de théologie à Paris et à Bordeaux (1938-1940), puis à la Faculté de Théologie de Paris jusqu'en 1942. Il veut devenir pasteur. Nommé proposant à Mougon (Deux-Sèvres), il rejoint la Résistance et le réseau Alliance. Il est arrêté le 9 mars 1944 et déporté comme « NN » au KL Natzweiler. Exécuté avec son grand-père Léonce Vieljeux, ancien maire de La Rochelle, la nuit du 1er au 2 septembre 1944, il laisse une femme et une fille.

Pierre Rolinet (né en 1922)

Employé par les usines Peugeot de Sochaux comme ajusteur, il prend contact avec la Résistance en 1942 (Organisation Civile et Militaire du Pays de Montbéliard). Réfractaire au S.T.O. (Service de Travail Obligatoire pour l'Allemagne), il devient surveillant dans un établissement scolaire protestant, l'Institut de Glay, sous une fausse identité. Participant au réseau local, il est arrêté le 29 septembre 1943, puis déporté «NN» au camp de Natzweiler-Struthof. Transféré à Dachau, il est libéré en 1945.

À Buchenwald

Paul Schneider (1897-1939)

Paul Schneider, aussi appelé le «prédicateur de Buchenwald» est un pasteur martyr de l'Église confessante en Allemagne (n°2 491). En 1937, il est déporté pour avoir dénoncé le nazisme et les lois raciales dans ses prédications. En 1938, la SS l'enferme au Bunker car il refuse de se découvrir devant le drapeau à croix gammée lors de l'anniversaire du *Führer*. Le 18 juillet 1939, il est assassiné après des jours de torture, par une injection de strophantine (toxique cardiaque) sans avoir rien renié de sa foi.

Aimé Bonifas (1920-2013)

Jeune protestant militant dans les Unions Chrétiennes de Jeunes Gens, il s'engage dans le mouvement de Résistance «Combat» en 1940. En 1943, il décide de rejoindre les forces armées françaises qui se battent en Afrique du Nord. Attrapé à la frontière espagnole, il est déporté à Buchenwald où il sera affecté à l'un des *kommandos* les plus durs, celui de Laura. Il survivra miraculeusement et, à son retour, deviendra pasteur. Son magnifique témoignage a paru sous le titre : *Détenu 20 901 dans les bagnes nazis*.

Et ailleurs...

Marie Ménard (1921-2013)

Fille de pasteur, étudiante et membre de la Fédé à Paris, elle est indignée par le port de l'étoile jaune imposée aux Juifs. Elle participe alors au passage d'enfants juifs vers la zone sud. Agent de liaison dans le réseau de renseignement « Jonque », elle est arrêtée par la Gestapo en juin 1943, internée et torturée à Fresnes. Un mois plus tard elle est déportée à Ravensbrück. Elle y retrouve un certain nombre de protestantes : Henriette Roux, Hélène Hermann-Fessy, Hélène Maspero, etc. Elle est libérée en avril 1945.

Yvonne Kocher, dite « Nanouk » (1897-1945)

Assistante sociale, elle travaille d'abord en 1940-1941 à Pithiviers (Loiret) au camp des Juifs. Elle entre en résistance avec le groupe parisien des anciens d'Uriage et fait de son domicile, au 81 rue Faubourg Saint-Jacques, une officine de Résistance. Prise dans une souricière de la Gestapo le 5 juin 1944 avec Xavier Schlumberger, elle est déportée à Ravensbrück. En déportation, elle se dépense sans compter pour ses co-détenues ; on la surnomme le « sourire de Ravensbrück ». Le 2 février 1945, elle est abattue par un SS lors de l'évacuation du camp, parce qu'elle était à la traîne.

Corrie Ten Boom (1893-1983)

Corrie Ten Boom est issue d'une famille réformée néerlandaise. Elle participe avec sa sœur au sauvetage de plusieurs Juifs en les cachant dans une chambre secrète. Dénoncée en 1944, la famille Ten Boom est emprisonnée. Les deux sœurs sont ensuite déportées au camp de Vught (Pays-Bas), puis à Ravensbrück où sa sœur meurt en décembre 1944. Corrie Ten Boom est libérée quelques jours plus tard suite à une erreur administrative. Elle est « Juste parmi les nations », reconnaissance accordée par Yad Vashem à ceux qui ont aidé au sauvetage des Juifs pendant la Shoah.

Adélaïde Hautval (1906-1988)

Fille d'un pasteur de l'Église réformée d'Alsace-Lorraine, Adélaïde Hautval est une psychiatre française. Après avoir pris la défense d'une famille juive maltraitée par un soldat allemand, elle est déportée à Auschwitz comme « Amie des Juifs » le 24 janvier 1943. Elle est utilisée dans le *Revier* de Birkenau en raison de ses compétences médicales, mais refuse de participer aux expérimentations menées par les SS sur des détenues. Elle est transférée à Ravensbrück le 2 août 1944 où elle est encore sollicitée comme médecin, activité qu'elle poursuit auprès des prisonnières après la libération du camp. Sa résistance lui vaudra le tire de « Juste parmi les Nations ». En découvrant qu'elle est atteinte de la maladie de Parkinson, elle met fin à ses jours le 12 octobre 1988.

Krémer contre Hitler

Une résistance mennonite en Alsace-Lorraine (1925-1945)

Stéphane Zehr et Jean-Martin Wehrey

Introduction

Au début de novembre 1942, la *Sipo-SD*[1] procède à une série d'interrogatoires dans la commune de Sarrebourg, en Moselle annexée. Les interrogés – quinze personnes environ – appartiennent tous à l'Assemblée mennonite du lieu, et l'on se demande ce que les Allemands reprochent à cette minorité paisible, composée pour l'essentiel de paysans et de meuniers.

Installés en Alsace et en Lorraine depuis la fin du XVIIe siècle, les anabaptistes-mennonites se sont plutôt signalés comme des fermiers modèles, bons payeurs, et des citoyens sans histoires – si l'on excepte les manifestations d'hostilité de la population à leur égard. Après avoir fui les persécutions

[1] *Einsatzkommando* II/3.

religieuses en Suisse et profité de l'accueil de certains nobles, ils ont vécu leur foi et prospéré modestement. Leurs particularismes ne se sont manifestés qu'à quelques occasions – en général par un désir d'être exemptés du service militaire[2], ainsi que par leur mode de vie communautaire à distance du reste du monde.

Or ces mennonites sont accusés d'avoir prêché contre le régime nazi, de diffuser une «propagande anti-militariste» et de fragiliser l'Allemagne dans sa lutte contre le bolchévisme. Les meneurs sont emprisonnés : l'Ancien[3] Émile Krémer, l'étrange Charles Frommer, ainsi que quelques autres : Louis Girardin, Paul Pelsy, Heinz Will et Karl Weibel.

Les mennonites sous Hitler

L'accusation est d'autant plus surprenante que, dans l'ensemble, les Églises mennonites alle-

---

[2] Jean Séguy, *Les assemblées anabaptistes-mennonites de France*, Paris-La Haye, Mouton, 1977, ainsi que Frédéric Schwindt, « La diffusion de la communauté mennonite en France d'après l'étude des patronymes (XVIIe-XXe siècles) », *Revue historique* 2009/3 (n°651), p. 561-593.

[3] Dans l'ecclésiologie mennonite, l'Ancien est celui qui a la responsabilité de la communauté.

mandes ont été « unies derrière Hitler, sans reconnaître l'énergie criminelle qui le motivait[4] ». Cet acquiescement n'a certes pas été unanime ; les débats ont porté aussi bien sur l'éthique (accomplissement du service militaire, participation à la guerre) que sur la doctrine (le nazisme est-il compatible avec la foi chrétienne ?). De ce fait, quand les nazis ont voulu impliquer les mennonites dans leur nouvelle structure ecclésiale (les *Deutsche Christen*[5]), ces derniers s'y sont opposés. Mais bon nombre d'Églises et de responsables soutinrent le régime. Des recherches récentes en ont montré la face la plus sombre : des mennonites, autour de Danzig, ont exploité la main d'œuvre du camp de concentration du Stutthof dans leurs usines et dans leurs champs ; et dans le Caucase, d'autres ont été impliqués, à des degrés divers, dans le massacre de Zaporozhia par les *Einsatzgruppen*[6].

[4] Collectif, *Foi et tradition à l'épreuve*, Histoire générale des mennonites dans le monde, vol. « Europe », Charols, Excelsis, « Perspectives anabaptistes », 2012, p. 140.

[5] *DC*, ou « Chrétiens allemands », organisation raciste et antisémite.

[6] Gerhard Rempel, « Mennonites and the holocaust, from collaboration to perpetuation », *The Mennonite Quarterly Review*, n°84, octobre 2010, p. 507-550.

La destruction des colonies mennonites de Russie est la raison principale de cet aveuglement. Durant les années qui suivent la Révolution de 1917, entre 20 000 et 30 000 mennonites implantés en Ukraine depuis la fin du XVIIIe siècle[7] reviennent en Allemagne, d'où la plupart émigrent en Amérique (Canada, Brésil, Paraguay...) ; ils rapportent le récit atroce de leurs persécutions par les soviétiques : villages rasés, politique violente de déchristianisation, puis collectivisation, exécutions des *kulaks*, déportations des pasteurs, transplantations en Sibérie...[8] Ce traumatisme leur inspire un anticommunisme virulent, et Hitler leur apparait comme un rempart contre les bolchéviques. Ensuite, la politique nazie du « sang et de la terre » arrange ces paysans victimes de la crise économique ; ils s'associent donc à l'espoir d'un renouveau de la nation allemande et s'approprient ses idéaux.

Les mennonites d'Alsace et de Moselle prennent une orientation différente. D'abord mobilisés coté français jusqu'à la défaite, les hommes en

---

[7] La Tsarine Catherine II leur avait offert des terres qu'elle souhaitait valoriser en Ukraine ; elle leur accordait le privilège de vivre leur foi selon leur conscience.

[8] Wally Kroeker, *An introduction to the Russian Mennonites*, Good Books, 2005.

âge de combattre sont contraints de s'enrôler dans la Wehrmacht à partir de 1942, subissant le sort des « malgré-nous ». Leur attitude est faite de soumission aux autorités et de prudence, rarement d'une adhésion idéologique, plus souvent de formes de résistance.

Une mémoire lointaine

On aurait pu s'attendre à ce que la mémoire des persécutions et la doctrine historique de l'anabaptisme (séparation des Églises et de l'État, non-violence, refus du serment, martyre) favorisât une résistance à l'État totalitaire[9]. Or il semble que cette mémoire se soit progressivement effacée[10] au cours du XIXe siècle. Les mennonites allemands surtout, après des siècles de discriminations, « étaient reconnus et s'étaient adaptés

---

[9] Patrick Cabanel a montré comment, à l'inverse, la mémoire huguenote des persécutions a inspiré la résistance des protestants français, ainsi que leur sensibilité au sort des Juifs. Voir Patrick Cabanel, *De la paix aux résistances, Les protestants français (1930-1945)*, Paris, Fayard, 2015.

[10] Claude Baecher, « Si les mennos français m'étaient contés… » in Collectif, *La Chapelle en fête* (1930-2005), Les Dossiers de *Christ Seul*, Montbéliard, Éditions Mennonites, 2005.

à la société allemande ; ils s'étaient rapidement développés et considérablement enrichis »[11]. La plupart partagent le nationalisme germanique. L'assimilation, jointe à la prudence, en fait des Allemands comme les autres.

La question est donc de savoir pourquoi l'Assemblée de Sarrebourg a fait exception. Dans un contexte d'annexion où les résistances sont, la plupart du temps, destinées à avorter, sa singularité interroge les relations entre convictions religieuses et le faisceau de paramètres – sociaux, politiques, historiques – qui déterminent l'individu dans son rapport au pouvoir. Au-delà des débats internes à cette assemblée, l'élément décisif est une redécouverte inattendue de la Bible, au travers d'une lecture immédiate, autodidacte, originale ; elle s'incarne dans le parcours atypique de ses meneurs, Émile Krémer et Charles Frommer, devenant la source d'une indépendance critique vis-à-vis des autres mennonites, puis, rapidement, de « l'esprit du nazisme ».

[11] Collectif, *Foi et tradition à l'épreuve, Histoire générale des mennonites dans le monde*, *op. cit.*, p. 143.

L'Assemblée mennonite de Sarrebourg, une église dans les marges (1925-1938)

ÉMILE KRÉMER, HOMME DE DIEU

Avant la guerre, l'Assemblée de Sarrebourg est déjà une église marginale au sein de la *Konferenz der Mennoniten in Elsass-Lothringen*[12]. Principal responsable : l'Ancien Émile Krémer, Inspecteur des Eaux et Forêts de Colmar, qui a entrepris de « réveiller » ses coreligionnaires, et dont la personnalité autoritaire et charismatique fait clivage. C'est lui qui fera de Sarrebourg une officine de résistance spirituelle.

Émile Krémer naît en 1895 dans une famille mennonite de Moselle. La piété de ses parents, qu'il dit « formaliste », et les horreurs qu'il vit pendant la Première Guerre mondiale (il est envoyé à 17 ans sur le front comme sous-officier) le conduisent dans l'indifférence des choses de la foi. En 1919, il entre à l'École Nationale des Eaux et Forêts, et en 1921, s'installe à Colmar comme Garde Général, Adjoint de l'Inspecteur ; il est promis à une honorable carrière. Malgré

[12] Conférence des mennonites d'Alsace et de Lorraine (désormais CMAL).

tout insatisfait, il assiste en 1922 à une réunion de l'Armée du Salut, au cours de laquelle l'orateur « démontra comment les prophéties bibliques au sujet des quatre empires [...] dont parle le livre de Daniel [...] se sont historiquement réalisées à travers les siècles »[13]. Suite à cette prédication, il reprend la lecture de sa Bible, et après quelques temps, Dieu lui « révéla Son Fils [...] Désormais, par l'effet de la merveilleuse grâce de Dieu, je n'étais donc plus la même personne »[14]. À partir de ce moment, il se consacre au service de Dieu « comme il le voudrait, et où il le voudrait »[15]. Sa conversion est le fondement d'un parcours hors des sentiers battus, marqué par un biblicisme strict. Devenu Prédicateur des Églises mennonites en 1924, il est ensuite consacré Ancien des Églises de Colmar et Sarrebourg en 1927. Devant l'état spirituel de son Église, qu'il juge peu satisfaisant, et « plutôt que de quitter son assemblée [...] Émile Krémer entreprend de la réveiller par son témoignage et ses prédications »[16]. De fait, les mennonites ont constitué pendant longtemps des

[13] Émile Krémer, *Tout est possible à Dieu*, Évangile pour Tous, année inconnue, p. 16.

[14] *Ibid.*, p. 18.

[15] *Ibid.*, p. 18.

[16] Jean Séguy, *ibid.*, p. 590.

communautés rurales repliées sur elles-mêmes. Elles souffrent de différends entre familles, le culte est surtout l'occasion de discuter le prix du bétail, et l'on a adopté bien des superstitions :

> Un siècle plus tôt les mennonites étaient reconnus pour leur expertise agricole. Ils étaient aussi réputés pour leurs prières, leurs soins et la guérison des malades, tant chez les humains que chez les animaux. Cette activité conduisit occasionnellement à des dérives de pensée magique, qui furent dénoncées par les prédicateurs revivalistes plutôt influencés par le mouvement de sainteté.[17]

En réalité, «piquer» les Psaumes au Nouvel An[18], faire appel à des guérisseurs pour soi ou pour les animaux, planter à telle période et selon tels rituels, etc., sont des usages plus répandus qu'on ne l'admet généralement[19].

---

[17] Collectif, *Histoire générale des mennonites dans le monde, Vol. Europe «Foi et tradition à l'épreuve»*, Excelsis, «Perspectives anabaptistes», 2012, p. 192.

[18] Gustave Koch, «Une coutume de Noël d'une famille mennonite de la vallée de la Bruche, Le "Psalmenstechen"», in *Les Anabaptistes Mennonites d'Alsace, Destin d'une minorité, Saisons d'Alsace* n°76, Librairie Istra, 1981, p. 123-125.

[19] Le sermon d'un évangéliste itinérant de la fin du XIXe siècle explique comment les mennonites, non-violents, pouvaient néanmoins jeter des sorts à leurs ennemis en récitant une formule, par nuit de pleine lune, à la croisée de deux chemins (Archives

Par ses messages et une cure d'âme novatrice, Krémer invite les fidèles à renoncer à ces pratiques et à confesser leurs péchés ; il est ainsi amené à s'occuper de personnes qui le consultent pour des souffrances dont on ne parle pas d'ordinaire. L'expérience le conduit à repérer « à l'origine de problèmes sérieux, de blocages spirituels, des "péchés dits d'abomination" (de trafic occulte plus ou moins lourd, même le simple recours à un guérisseur), commis par un ancêtre, parfois même à l'insu de la personne affectée »[20]. Les églises de Sarrebourg et de Colmar sont majoritairement gagnées à cet enseignement. Plusieurs témoignent en effet avoir trouvé une délivrance grâce à la confession de ces « fautes des pères » dont ils subissaient les conséquences dans des troubles de tous ordres (esclavages, cauchemars, perversions, folie, angoisses, dépression).

La « crise pentecôtiste » (J. Séguy)

Cela n'est pas du goût de tout le monde. Tous n'acceptent pas la radicalité du « Frère Kré-

---

de l'Association Française d'Histoire Anabaptiste-Mennonite, AFHAM).

[20] Henri Blocher, « La confession du péché des ancêtres » in *Horizon évangélique*.

mer », les contraintes de la non-conformité au monde[21], son style autoritaire et sans égards, sa critique du formalisme. Prier pour des péchés commis par des ancêtres parait sortir du cadre de l'orthodoxie évangélique. À cela s'ajoute une ouverture dérangeante au pentecôtisme et aux « manifestations de l'Esprit », à commencer par les « guérisons divines ». Ainsi, en raison de leurs orientations spirituelles, Émile Krémer et ses partisans étaient, dès avant la guerre, dans une position de minorité controversée, en tension avec la Conférence, à tel point qu'Émile Krémer pourra dire en 1937 : « Jésus manque dans nos Églises mennonites. J'ai toujours été repoussé par le mennonitisme.[22] »

Le « milieu Krémer », une fraternité mouvante

Minorité dans la minorité, la tendance représentée par Émile Krémer est un objet religieux difficilement identifiable. Enracinée dans les

[21] Les premières mesures proposées par le jeune Émile Krémer furent de discipliner les femmes qui se coupaient les cheveux trop courts, en leur interdisant la Sainte-Cène, de créer des bibliothèques, et un fonds de secours à Sarrebourg en 1929, pour venir en aide aux plus nécessiteux de l'Assemblée.

[22] Registre des délibérations de la CMAL (1), archives de l'AFHAM, p. 304.

églises mennonites, mais mal reçue par elles, elle les déborde en attirant progressivement des individus d'origines diverses. S'y ajoutent des « ministères indépendants », compagnons de route temporaires dont on ne sait pas toujours d'où ils viennent ni où ils vont. Dans une certaine mesure, la tendance Krémer ressemble à ces « communautés informelles » dont a pu parler Danièle Hervieu-Léger[23] pour décrire ces regroupements spirituels par affinités, mouvants, plus ou moins auto-régulés et sans organisation institutionnelle. Mais la notion de « milieu » (« ce qui entoure matériellement et moralement une personne ») s'adapte avec plus de souplesse encore à la réalité que nous cherchons à décrire ; car ce qui rassemble ces hommes et ces femmes est avant tout le message d'Émile Krémer : la vie nouvelle en Christ, la sanctification, la repentance pour son péché et celui de ses pères, l'ouverture aux actions surnaturelles de l'Esprit, la séparation d'avec le monde, et le retour imminent de Jésus-Christ. En 1930, il est désigné responsable du culte des

[23] Danièle Hervieu-Léger, « Les communautés informelles... » in *Églises et groupes religieux dans la société française, intégration ou marginalisation, Cinquième colloque du Centre de Sociologie du Protestantisme Strasbourg, 7-9 octobre 1976*, CERDIC Publications, 1977, p. 263-292.

Assemblées sans Anciens[24]. Il est progressivement invité à prêcher ailleurs qu'à Colmar et à Sarrebourg : dans des familles chrétiennes, mennonites ou converties par lui, jusqu'en Allemagne et en Suisse. Petit à petit, son influence s'étend en tâche d'huile ; après la guerre, il prêchera aux Conventions de Morges (Suisse), à la Convention chrétienne des Cévennes, en Angleterre, dans de petites églises en dissidence…

Pendant la guerre, cela représente un noyau trente familles[25], pour la plupart mennonites, sans compter les célibataires et les indépendants ; mais on trouve aussi des réformés, des luthériens, d'anciens catholiques. Bon nombre d'entre eux trouvent ou retrouvent la foi par l'intermédiaire d'Ernest Stalter[26], un paysan de Lixheim sans instruction, dont le témoignage impressionne.

---

[24] Registre des délibérations de la CMAL (1), archives de l'AFHAM, p. 143.

[25] Estimation minimale.

[26] Marcel Saltzmann, *Prisonnier… mais libre !*, Genève, Éditions de Radio-Réveil, date inconnue.

L'étrange Frommer

Les archives révèlent le rôle d'une personnalité dont la mémoire n'a gardé presque aucune trace – un de ces « indépendants » dont le discours anti-nazi va être déterminant. Charles Frommer arrive à Sarrebourg un soir de 1938, avec Émile Krémer, qui visite l'église deux fois par mois. Il donne son témoignage à la Chapelle, fait quelques connaissances. De retour en 1942, il semble se cacher, allant d'une famille à l'autre, sans papiers, sans travail, mais enseignant les uns et les autres, et, surtout, les avertissant de ne pas se compromettre avec le nazisme.

Charles Frommer est né en 1892 à Steige, arrondissement de Sélestat, en Alsace. Après son baccalauréat, il s'engage, en 1909, dans l'armée[27], et participe à la Première Guerre mondiale avant d'être fait prisonnier par les Français. En 1921, il se fait engager comme lieutenant dans la Police d'État de Hesse ; mais en raison de ses opinions nationalistes, il a des problèmes avec sa hiérarchie, au sein de laquelle l'influence communiste grandit. Il est licencié en 1926 et s'établit à Hambourg

[27] *Badisches Fußartillerie-Regiment Nr. 14.* (14e Régiment d'artillerie à pied badois).

comme représentant de commerce chez Neuerburg-Reemsta, un consortium de cigarettes, jusqu'en 1933. Vers 1928 il s'inscrit dans une organisation paramilitaire, la Ligue des Casques d'acier (*Stahlhelm*)[28] et en 1929, il offre ses services comme agent de renseignement. Il travaille pour le compte du RWM (*Reichswirtschaftsministerium*)[29], avec pour mission de reconnaître l'état des frontières militaires d'Alsace-Lorraine (ligne Maginot). Son informateur de l'époque est René Haus, agent de Charles Roos[30] (1878-1940). Pendant ce temps, il conserve sa place et son salaire chez Neuerberg-Reemsta, qui, sous couvert d'arrêt maladie, le met à disposition du gouvernement. Deux mariages malheureux, soldés par des divorces, le plongent dans la dépression ; il abandonne son emploi pour se retrouver seul. Vers 1934, à la gare de Hambourg, il rend service à une dame âgée, qui, pour le remercier, lui offre

[28] Corps d'inspiration monarchiste radicale et antiparlementaire, créé après la défaite de 1918, et opposé à la politique menée par la République de Weimar.

[29] Ministère des affaires économiques du Reich.

[30] Charles Roos (1878-1940) était un autonomiste qui a lutté contre la francisation de l'Alsace. Devenu national-socialiste, il fut un redoutable agent du IIIe Reich. Les Français l'exécutèrent pour espionnage en 1940.

un Nouveau Testament. À la suite d'un court entretien, elle l'amène « sur le chemin de l'Écriture Sainte ». Il fréquente quelques temps une église baptiste, mais constate que ces croyants ne mettent pas en pratique ce qu'ils confessent et prend ses distances. À partir de là, il dit mener une existence discrète, vivant de sa pension et de ses économies, passant son temps à étudier la Bible en solitaire. C'est entre 1937 et 1938, lors d'une visite chez sa mère en Alsace, qu'il fait la connaissance d'Émile Krémer, avec lequel il se découvre une compréhension commune de la foi. Quelques temps après, il fait son premier voyage à Sarrebourg. Le parcours de Frommer, ancien inspecteur de police, militant nationaliste, représentant de commerce puis espion converti à la lecture de la Bible, aussi romanesque qu'atypique, partage donc un point commun avec Émile Krémer : une découverte subite de la Bible, suivie d'un parcours spirituel intense, autodidacte, non-conformiste, marqué par une volonté de soumission absolue aux Écritures.

Face aux exigences totalitaires du nazisme, cette lecture de la Bible va provoquer une série de refus. Les dépositions du procès intenté contre « Frommer, Krémer, et autres », devant le *Sonder-*

gericht[31] de Metz, donnent une idée précise des ressorts de leur résistance : à partir d'une déconstruction spirituelle du nazisme, leur biblicisme rejoint deux grands principes de la tradition anabaptiste : la non-conformité au monde et l'acceptation du martyre.

« Le Salut ne vient pas d'Hitler » : *Les ressorts d'une resistance spirituelle (1939-1942)*

Le sort des Juifs et « l'éveil de la conscience chrétienne »

Au moment où Frommer rencontre Krémer, ce dernier a déjà pris conscience du danger nazi de longue date :

> Lors de la publication à Munich, en 1925, du programme de Hitler, qui annonçait son projet de supprimer les Juifs, Dieu me fit comprendre, par Sa Parole, dans Jérémie 16.16 (« J'enverrai une multitude de chasseurs, et ils les chasseront de toutes les montagnes et de toutes les collines, et des fentes des rochers »), que si Hitler arrivait au pouvoir, il serait bel et bien un des « chasseurs » évoqués là.[32]

[31] Tribunal d'exception.

[32] Émile Krémer, *op. cit.*, p. 19.

Pour les évangéliques instruits dans le dispensationalisme, le peuple d'Israël représente « l'horloge des nations » et son destin est intrinsèquement lié au devenir eschatologique du monde :

> Lorsque je constatai que l'histoire des quatre empires successifs (du livre de Daniel), dont l'évocation prophétique m'avait tant frappé lors de ma découverte de l'Ancien Testament, tournait toujours autour du peuple Juif, ce peuple qu'il avait choisi pour porter le Salut aux nations, Dieu répandit dans mon cœur, par Sa Parole, l'amour pour son peuple.[33]

L' « éveil de la conscience chrétienne[34] » d'Émile Krémer s'enracine dans ce « partage du Livre[35] » avec le peuple Juif, qui lui permet de passer « dans une même phrase, de l'Ancien Testament à l'actualité immédiate[36] ». À cette lumière, la haine de Hitler envers les Juifs révèle le caractère démoniaque de son mouvement politique. La prophétie lui donne aussi d'anticiper les événements, puisqu'en 1925, Hitler n'a pas décidé du sort

---

[33] *Ibid.*, p. 19.

[34] Jacques Sémelin, *Persécutions et entraides dans la France occupée*, Paris, Les Arènes-Seuil, 2013, p. 648.

[35] Patrick Cabanel, *Juifs et protestants en France, XVIe-XXIe siècle*, Paris, Fayard, « Les dieux dans la Cité », 2004.

[36] Patrick Cabanel, *Résister, voix protestantes*, Nîmes, Alcide, 2012, p. 34.

des Juifs[37] ; mais un observateur dont l'attention est éveillée peut pressentir ce qui arrivera. Cette double position, de discernement et de prévision, le conduit, surtout à partir de l'accession d'Hitler au pouvoir en 1933[38], à avertir ses frères ; il décide « d'annoncer la Parole de Dieu en Alsace, en Lorraine et en Bade, en vue d'exhorter, dans les réunions, les gens à être des témoins vivants de Jésus et de la victoire de la Croix contre toutes les puissances des ténèbres et à ne pas suivre le mouvement politique de Hitler, en particulier contre les Juifs. »[39]

Dénoncé une première fois, il continue, malgré une assignation à résidence de la Gestapo, ce rôle de sentinelle. L'anti-hitlérisme de Krémer devient notoire parmi les mennonites, y compris chez ses détracteurs, qui y voient une imprudence.

---

[37] Philippe Burrin, *Hitler et les Juifs, Genèse d'un génocide*, Paris, Seuil, « Points Histoire », 1989.

[38] À partir de 1933, plusieurs familles mennonites de l'arrondissement de Sarrebourg accueillent des Juifs venus d'Allemagne : M. Stalter (Lixheim), Lucien Zehr (Cubolot), M. Pelsy (Mouckenhoff), M. Schertz (Berthelming), M. Bour. Lire Jeanne Vincler, *Communautés juives en péril, Alsace-Lorraine 1933-1939*, Metz, Serpenoise, 2010, p. 61-77.

[39] Émile Krémer, *op. cit.*, p. 23.

Charles Frommer, de son côté, donne en 1939 une étude biblique intitulée : *La condamnation à mort de Dieu à la croix à Golgotha de toutes les races par la résurrection de Jésus-Christ Homme et Fils de Dieu*. Une copie est livrée, avec d'autres écrits, à la police secrète de Hambourg. Dans un contexte de radicalisation des mesures antijuives – la « Nuit de Cristal » n'a pas six mois –, Frommer interprète le recensement raciste de1939[40] comme un signe des temps :

> Cette sorte de recensement, avec la séparation entre Juifs et nations (Aryens), sert donc selon la volonté de Dieu au rapatriement de tous les Juifs d'entre tous les peuples, où ils ont été rejetés à cause de leur endurcissement et de leur incrédulité (Ac 13.36-47, 28.27-28 ; Lc 21.24 ; Mt 23.37-39 ; 2 Co 3.14-16). Ce début du triage et du rassemblement des Juifs est un signe indubitable de la fin du jugement des Juifs et du temps de grâce pour les païens (Jn 10.26 ; Mt 24.14 ; Rm 11.11-26) et de ce que la seconde venue de Jésus-Christ (Ap 1.11) est à nos portes.[41]

À partir de cet événement, perçu comme un accomplissement du plan divin, il prêche la repentance nécessaire des Juifs et celle des na-

---

[40] Morgane Labbé, «'Race' et 'Nationalité' dans les recensements du Troisième Reich» in *Histoire & Mesure,* Année 1998, Volume 13, Numéro 1, p. 195-223.

[41] Charles Frommer, Sermon du 17 mai 1939, Archives Départementales 57, 335 W 88 KLS 151/43.

tions («Aryens»), placés sur le même plan : Juifs et Aryens revendiquent en effet, chacun à leur manière, la «race et le sang» comme des valeurs. Or «la race et le sang» nourrissent la «force de la chair», «l'orgueil de l'homme», et l'illusion d'un salut terrestre sans Christ :

> Le contenu et le but du plan du salut, attestés dans les saintes Écritures, sont : «Voici, je (Dieu) fais toutes choses nouvelles» (Ap 21.5). «Tout est accompli», dit Jésus sur la croix !, afin que «Dieu soit tout en tous» (1 Co 15.28). Le cours des évènements mondiaux n'est donc pas un cycle ininterrompu, il est plutôt déterminé, et, selon la révélation divine, sert au renouvellement de l'humanité déchue – Juifs et nations – par Jésus-Christ.[42]

Dans cette perspective, «toutes les races» sont condamnées à mort, et «toutes les races» peuvent recevoir, au travers de la repentance et de la foi, la vie éternelle en Jésus-Christ. Le raisonnement de Frommer suit donc un chemin surprenant : à partir d'éléments traditionnels de l'antijudaïsme (le «péché des Juifs», leur «endurcissement et leur incrédulité»), il pose un universalisme de la déchéance. Loin d'être pires que les Aryens, les Juifs ne sont que leur miroir : ils reflètent leur incrédulité :

---

[42] *Ibid.*

> C'est seulement à cause de leur incrédulité, et non pas à cause de leur race, que le Christ a décrit les Juifs comme les enfants du diable. Ce jugement s'adresse à tout homme qui ne croit pas comme Abraham à Dieu (Jn 8 : 40-45,7 : 7, 8 : 23-24).[43]

Sans être philosémite au sens strict, le sermon de Frommer n'en est pas moins subversif dans le contexte raciste du IIIe Reich. Il lui vaut ses premiers ennuis avec la Gestapo : le 4 février 1941, il est convoqué à Hambourg, et interrogé en détail. Placé trois semaines en détention préventive, il est ensuite interné à l'hôpital psychiatrique de Friedrichsberg.

La non-conformité au monde

Prévenus contre le nazisme, Krémer et Frommer procèdent à une déconstruction de sa symbolique ; à l'instar d'un Denis de Rougemont[44], ils lisent le nazisme comme une religion séculière, contrefaçon blasphématrice du christianisme, puisqu'il exalte tout ce que le Christ est venu crucifier.

Ils refusent le salut hitlérien. La confession la

---

[43] *Ibid.*

[44] Patrick Cabanel, *De la paix aux résistances, Les protestants en France 1930-1945*, Paris, Fayard, « Histoire », p. 23-29.

plus impressionnante à ce sujet est celle de Frommer devant la Police criminelle :

> À mon sens, le salut « Heil Hitler » signifie que l'on souhaite au Führer, tout au long de son parcours, le salut grâce à l'effort de masse d'une race et, vice versa, qu'on attend de sa part la voie du salut, bien évidemment au niveau terrestre. Bibliquement il nous est demandé de « rechercher d'abord le royaume de Dieu » et « toutes choses vous seront données par-dessus ». Il ne s'agit pas de se fier aux performances humaines, seule compte la foi au salut par l'œuvre du Christ à la croix. Selon un verset biblique : « Il n'y a de salut en aucun autre, car il n'y a sous le ciel aucun autre nom qui ait été donné parmi les hommes, par lequel nous devions être sauvés » ; en tant que chrétien, je souhaite de tout cœur au chancelier du Reich, Adolf Hitler, le salut en Christ.
>
> Levez la main droite, lors du salut allemand, relève du même arrière-plan. Si ce geste n'était qu'un simple témoignage de respect, sans aucune référence au salut, je n'aurais aucun scrupule et lèverais ma droite avec joie. Mais lever la main droite lors du salut allemand, c'est participer à mes yeux à un symbole religieux et affirmer la volonté humaine d'établir sur terre la paix et la prospérité sans le Christ. Mais la Bible dit : « C'est la droite de l'Éternel qui est élevée et c'est la droite de l'Éternel qui assure la victoire ». En d'autres termes, cela veut dire que le salut vient de Dieu seul.[45]

---

[45] Déposition de Charles Frommer, 2 novembre 1942, AD57,

De plus, en revendiquant le titre de *Führer* Hitler usurpe la place de Christ. Marcel Saltzmann, catholique converti par l'intermédiaire d'Ernest Stalter, refuse le salut nazi dans les administrations. Comme il est un chef d'entreprise important à Mulhouse, la Gestapo utilise d'abord la méthode douce, avec des promesses ; il leur répond :

> Je vous remercie de toutes vos offres, mais j'ai mon *Führer*, il s'appelle Jésus-Christ. C'est pour lui que je me suis décidé, et c'est à lui qu'appartient ma vie.[46]

Le fils d'Émile Krémer est, quant à lui, envoyé dans une section disciplinaire du *Reichsarbeitsdienst*[47] pour avoir refusé de faire le salut nazi au lycée. Le 29 août 1942, sommé de prêter serment au *Führer* lors de la cérémonie qui termine cette préparation militaire, il refuse au même motif :

> J'avais déjà dit, dès mon arrivée, que je ne prêterai pas le serment de fidélité. Ce qui m'avait valu des représailles de toutes sortes, ainsi que les questions « Pourquoi ?? » Je leur disais que j'avais donné ma vie à Jésus-Christ et que je ne pouvais la donner à quiconque d'autre.[48]

---

335 W 88 KLS 151/43.

[46] Marcel Saltzmann, *op. cit.*, p. 18.

[47] Désormais *RAD*, Service du travail obligatoire du Reich.

[48] Jean-Paul Krémer, *Le Salut ne vient pas d'Hitler, Un mennonite*

Sa ténacité lui vaudra l'enfer des camps. De même, la croix gammée représente pour eux la « croix brisée du Christ », signe païen et occulte induisant une relation entre Hitler et l'Antéchrist. En conséquence, refus de porter, de hisser ou de saluer la croix gammée ; on rapporte même aux nazis qu'un drapeau a été brûlé chez les Pelsy. Cela ne les empêche pas de souhaiter la conversion d'Hitler au Christ, comme il convient à de bons anabaptistes qui doivent aimer même leurs ennemis :

> Mais étant chrétien, je tiens à préciser que j'aime le Führer Adolf Hitler et que je terminerais sans aucun problème une lettre par : « Je souhaite le salut en Christ au Führer Adolf Hitler ! »[49]

Cela ne les empêche pas non plus de faire des jeux de mots « pédagogiques » à partir des sigles nazis : les SS sont les *Satans Söhne* (« Fils de Satan ») ; le sigle du Parti (*NSDAP*) devient *Nazarener schweige, der Antichrist posaunt*, que Frommer explique, en toute bonne foi, comme suit :

> Ce qui veut dire que là où l'Antéchrist règne (« sonne

---

déporté à Natzweiler et Buchenwald, Anduze, Mission Timothée, 2016, p. 43-44.

[49] Déposition de Paul Pelsy, 1er novembre 1942, AD57, 335 W 88 KLS 151/43.

de la trompette»), le Christ (le Nazaréen) doit se taire. (...) Tout rassemblement dans un parti, y compris dans celui du *NSDAP*, est la tentative de l'homme naturel d'établir par ses propres forces «le Royaume de mille ans», comme monsieur le chancelier du Reich l'a déclaré à maintes reprises.[50]

La non-conformité se concrétise donc en premier lieu par un refus des gestes et des symboles ; ceux-ci ne sont pas «purement extérieurs» mais s'inscrivent dans ce qui a tous les traits d'un culte impérial.

Dans la lignée des martyrs

Mais le plus surprenant reste le caractère explicite de leurs déclarations lors des interrogatoires ; il est rare qu'ils éludent ou minimisent les propos qu'on leur prête et qui les accusent ; on a l'impression, au contraire, qu'ils saisissent chaque occasion pour témoigner de leur foi. Associée aux différents refus, l'explication qui les justifie joue un rôle fondamental. Une lettre d'Émile Krémer laisse à penser que résistance, persécution et témoignage sont liés pour lui dans une même compréhension de la fidélité à Christ. Elle date du 12 août 1942, alors que son fils Jean-Paul est au *RAD*

[50] Déposition de Charles Frommer, 4 novembre 1942, AD57, 335 W 88 KLS 151/43.

depuis quelques jours, et qu'il risque la déportation :

> Nous avons considéré cela comme une épreuve de foi pour lui, une préparation pour l'enlèvement et comme un témoignage à rendre devant les autorités et le monde. C'est pourquoi il a particulièrement besoin de votre intercession, afin qu'il reste ferme dans la foi en Jésus-Christ face à toutes les menaces et ruses, et qu'il puisse être un témoignage auprès de ses camarades et ses supérieurs.
>
> Il rencontrera de grandes difficultés en raison de sa prise de position qui ne lui permet ni de prêter serment ni de saluer chaque jour le drapeau ou de dire le salut. (...)
>
> Je l'ai accompagné et j'ai parlé environ une heure avec le chef de Section ; par grâce, j'ai pu donner un clair témoignage de Jésus, de sorte qu'il est déjà au courant de toute la situation. Tout dépend à présent de la grâce du Seigneur pour faire de Jean-Paul un témoin de Jésus au travers de toutes les difficultés et qu'il reste fidèle. C'est ce qu'il veut ![51]

La persécution est l'occasion d'une confession publique, elle transforme le bureau des SS en chaire, le tribunal en tribune. L'opportunité d'un « clair témoignage de Jésus » « devant les autorités et le monde » explique leurs dépositions détaillées, dans lesquelles le récit de leurs conver-

[51] Lettre d'Émile Krémer du 12 août 1942.

sions tient une large place. Enfin, les souffrances sont perçues comme une « préparation à l'enlèvement », c'est-à-dire un détachement des vanités du monde.

Il est difficile de savoir s'ils sont inspirés par l'histoire des martyrs anabaptistes, car ils ne le formulent jamais tel quel. Mais si cette mémoire est en partie effacée, elle n'est pas inconnue de Krémer, qui a déclaré, à plusieurs reprises semble-t-il, avoir été marqué par la lecture du *Miroir des martyrs*[52]. Ce livre, d'abord édité en 1660, à Dordrecht, par Van Braght, connaît en 1685 une version illustrée par 103 gravures de Jan Luyken et devient l'un des piliers de la spiritualité mennonite. Œuvre d'art et de mémoire, il est traduit en allemand au XVIIIe siècle par des Amish de Pennsylvanie, puis diffusé dans le Palatinat et en Alsace. La théologie qui se dégage de ces récits associe persécution, fidélité et authenticité de la foi ; elle « comprend l'histoire chrétienne comme l'histoire d'une Église martyre dont l'origine est Jésus qui "naquit sous la croix, marcha sous la croix, et mourut effectivement sous la croix" »[53].

[52] Entretien avec Jean-Paul Pelsy, Sarrebourg, le 18 février 2017.

[53] *Miroir des martyrs*, texte édité par John S. Oyer et Robert S.

Consciemment ou non, leur résistance s'est donc conformée à la martyrologie anabaptiste par son caractère confessant, non-violent et sa doctrine d'une fidélité à la croix ; éveillée par le sort fait aux Juifs, elle maintient, dans le contexte du IIIe Reich, le principe de la non-conformité au monde par une non-participation radicale. Dans l'ensemble, le « milieu » a souscrit à cette ligne dictée par Krémer et Frommer ; mais à plusieurs moments la conduite à tenir n'a pas été évidente. Les réflexions, les hésitations et les revirements se sont accentués quand l'Église a été fermée et les meneurs arrêtés. Et les choses ont commencé à se gâter quand ils ont été dénoncés.

Le prix du témoignage : tensions, rétractations, peines (1942-1945)

La trahison de Walter Apelt

Celui qui les livre s'appelle Walter Apelt. Membre d'une Église libre de Leipzig (Saxe), il participe aux Jeunesses hitlériennes, puis à la *Nationalsozialistischer Deutscher Studentenbund*[54]. Il

Kreider, Excelsis, « Perspectives anabaptistes », 2003, p. 11.

[54] Union des étudiants nationaux-socialistes allemands.

devient ensuite *Schütze*, un petit grade au sein du *NSKK*[55], à Leisnig. Blessé sur le front Est, il est conduit en avril 1942 à l'hôpital militaire de Sarrebourg ; à la recherche d'une église, il fréquente l'Assemblée mennonite, faisant la connaissance des uns et des autres.

Il s'associe rapidement à l'intimité de l'église, allant jusqu'à commenter la Bible une ou deux fois, mais se heurte à la réticence des Anciens qui remettent en question le fait de prêcher en uniforme avec la croix gammée. Là-dessus intervient une affaire de mœurs ; Frommer le reprend sévèrement pour une relation adultère, confirmée par l'intéressé. Apelt, qui fait en parallèle des tentatives auprès d'une jeune fille, entre alors en conflit avec Frommer et les autres. Il semble que le motif de sa délation ait été la vengeance, car elle vise spécifiquement les « têtes » :

> Les têtes dirigeantes de l'Assemblée mennonite locale sont Émile Krémer de Colmar, Charles-Jean Frommer dont le domicile est incertain, et le garde forestier Girardin de Langatte. Ces trois hommes sont particulièrement dangereux et

[55] *Nationalsozialistisches Kraftfahrkorps* (organisation paramilitaire du NSDPA, affectée aux transports).

> ils agissent de manière particulièrement subversive. Ils sont des opposants fanatiques de la Nation allemande et ne changeront jamais d'attitude.[56]

Sa trahison, en plus de provoquer leur confession de foi, nous renseigne sur le fonctionnement de leur résistance et les tensions qui la travaillent. Celle-ci s'est développée dans les réunions de prières, moments cruciaux du Réveil promu par Krémer, au cours desquelles ont lieu des « visions » ou « prophéties » dont le contenu est « politique ».

Depuis la fin des années vingt, Émile Krémer s'est montré ouvert à ces manifestations ; il tient un carnet – qui est saisi – où il les note, puis les commente, « quand c'est possible », surtout celles d'une demoiselle, institutrice en Alsace, Erna Sutter. Erna dit avoir vu, entre autres, une croix gammée volant au-dessus de Sarrebourg ; Apelt la dit « en feu », mais il est le seul. Voici comment Krémer l'interpréte :

> Les visions politiques de la Sutter concernent des évènements (morceau illisible) à venir. Même si elles sont inspirées par l'Esprit de Dieu, je ne peux pas démontrer leur véracité, ainsi par exemple si

[56] Déposition de Walter Apelt, 31 octobre 1942, AD57, 335 W 88 KLS 151/43.

> Mussolini deviendra l'Antichrist. C'est pareil pour «la tenaille ?» de Sutter, selon cette vision, c'en est fini avec la puissance de Hitler et celle de la Gestapo ; nous ne pouvons pas le certifier, on ne peut qu'attendre.[57]

D'autres personnes, des femmes en général, ont ce genre de prophéties, telle Mme Hickel, une protestante de Balbronn. Les prophéties concernent parfois des individus précis, révélant un aspect caché de leur vie. C'est ainsi que Mme Hickel a vu une de leurs connaissances – s'agit-il de Apelt ? – avec une casquette de SA, qui leur cause des ennuis. Mais Krémer assure ne plus se souvenir de qui il s'agit. Quoi qu'il en soit, ces visions montrent que le «milieu Krémer» envisage sa résistance comme un combat spirituel, que Dieu encourage par ce genre de signes, et qu'ils attendent la chute du régime.

Le but de ces réunions est de conduire les personnes présentes à prendre une position claire par rapport au nazisme, à se repentir, si d'une manière ou d'une autre elles se sont compromises. Ceux qui se dérobent sont alors stigmatisés comme rebelles à l'Esprit, ce qui est le cas d'Apelt :

---

[57] Déposition de Émile Krémer, 6 novembre 1942, AD57, 335 W 88 KLS 151/43.

En me désignant, la discutable Erna expliqua qu'il y avait encore un porteur de croix gammée parmi nous et m'invita à m'en repentir également. Je rejetai cette exigence, car dans ce cas, j'aurais dû déposer mon insigne de blessé et me séparer de mon emblème de la souveraineté attaché à mon uniforme.[58]

Premier lieu de tensions : l'appartenance aux structures politiques du régime

Apelt identifie Frommer et Krémer comme les têtes de la résistance mennonite ; de fait, on constate qu'ils donnent la ligne, par leurs convictions et leur exemple. Mais les interrogatoires d'octobre-novembre 1942, les emprisonnements par mesure de prévention et la menace de sanctions bien plus sévères révèlent, puis provoquent, des hésitations, des tensions, des revirements.

Le premier lieu de tensions concerne l'appartenance aux structures politiques, comme le *DVG*[59], le service de défense antiaérienne (*Luftschutz*) ou les Jeunesses hitlériennes. Frommer et Krémer enseignent une non-participation absolue ; comme le synthétise Apelt :

[58] *Ibid.*

[59] *Deutsche Volksgemeinschaft* (*DVG* – Communauté du peuple allemand) : association calquée sur le parti nazi ; l'adhésion est imposée à tous les Mosellans de souche.

> Au fil du temps, j'ai toujours plus eu l'impression d'avoir affaire à une organisation totalement ennemie de l'État, et dont les dirigeants jouent sciemment un rôle corrupteur. Certes, les mennonites affirment qu'ils ne sont pas contre l'État, et seulement contre des partis politiques, mais ils refusent par ailleurs le service militaire, le serment au *Führer* et toute activité publique. Par la suite, je me suis donné chaque fois du mal pour expliquer aux gens que l'accomplissement des devoirs civiques au service de l'État est parfaitement compatible avec la foi chrétienne, avec divers succès.[60]

Dans un contexte qui se fait, à partir de 1942, de plus en plus pressant, leur abstention devient une désobéissance civile.

Pour d'autres, les choses sont moins tranchées. Signer au *DVG* ou participer au Service de défense antiaérienne (*Luftschutz*) parait ne demander qu'un engagement minimum, et, dans le cas de la protection aérienne, au service de la population. Apelt se vante ainsi d'avoir réussi à convaincre Paul Pelsy de participer à un cours de protection anti aérienne, et d'avoir motivé certains mennonites à rentrer, ou retourner, au *DVG*. Valentin Zehr, agriculteur mennonite de Sarrebourg, illustre bien ces débats de conscience. D'abord convaincu par Frommer, qui milite

[60] Déposition de Émile Krémer, *ibid.*

dans les familles, de sortir du *DVG*, il finit par y retourner, doutant du bien-fondé d'une telle radicalité.

Deuxième lieu de tensions : la guerre et l'incorporation dans la Wehrmacht

Lorsque l'incorporation de force dans la Wehrmacht est décrétée, en août 1942, chacun est placé devant sa conscience. Deux mois après, l'Assemblée se retrouvera sans bergers : Krémer, Frommer, Girardin, Pelsy sont emprisonnés. Les cultes et les réunions de prières se raréfient. Les classes d'âges appelées en Lorraine (1914-1927) et en Alsace (1908-1927) concernent un nombre réduit de jeunes hommes des églises de Sarrebourg et de Colmar. L'un d'eux, Ernest Stalter, échappe de justesse aux fouilles des SS. Averti de leur arrivée, il a le temps de se cacher derrière le tas de bois dans la grange. Lorsque les SS entrent dans la grange, le gradé se campe juste devant le tas de bois ; les SS fouillent partout, mais pas un ne pense à regarder derrière le gradé. Le fils d'Émile Krémer, qui est au *Reichsarbeitsdienst*, refuse d'intégrer la Wehrmacht. Quant aux autres, ils se résignent à partir. Pour trois d'entre eux au moins, l'intervention d'un officier allemand leur accorde un sursis de six mois, ce qui les fait échapper au front de l'Est[61].

Frommer et Krémer défendent une position pacifiste, fondée sur l'interdit du meurtre et le rejet de la guerre : « Pour le chrétien la guerre est inacceptable, il est juste qu'il la rejette[62] ». Louis Girardin développe la même pensée :

> Ce que je ferai dans le cas d'une incorporation dans le service militaire allemand, je ne peux pas encore le dire maintenant, mais en tout cas, je ne me laisserai conduire que par la seule parole de Dieu. En aucun cas, je ne toucherai à une arme meurtrière (criminelle). J'y inclus la baïonnette, la grenade à main, le fusil, le lance-flammes, le canon antiaérien, car il est écrit dans Genèse (9.6) : « Si quelqu'un verse le sang de l'homme, par l'homme son sang sera versé. Car Dieu a fait l'homme à son image ».[63]

Si pour Frommer et Krémer, l'incorporation est impensable, tous ne la rejettent pas en soi. On remarque des opinions plus nuancées, comme

---

[61] Le Haut-Commandement militaire allemand se méfiait de la loyauté de ces enrôlés, et 90% furent affecté sur le front de l'Est. Cette mesure de faveur concerna Arsène Zehr de Misselhof, Valentin, puis René Mozimann d'Imling et un protestant, Alfred Reeb.

[62] Déposition Émile Krémer, *ibid*.

[63] Déposition de Louis Girardin, 28 octobre 1942, AD 57, 335 W 88 KLS 151/43.

celle de Paul Pelsy :

> Je ne rejette pas le service militaire, j'ai été soldat français durant la guerre et j'ai dû porter une arme mais Dieu merci, je n'ai pas eu à tirer sur un homme. Si le régime allemand me demandait de prendre aujourd'hui les armes, je répondrais bien entendu à cet appel. Je demanderais qu'on m'accorde un service dans lequel je n'aurais pas à porter une arme. En cas de refus, je porterais l'arme. Je remettrais le fait de tirer entre les mains de Dieu, il me montrerait au moment même si je pourrais ou pas blesser et éventuellement tuer un adversaire.[64]

Les « Malgré-nous » et leurs familles suivent cette idée : la soumission aux autorités est acceptée dans l'espoir que Dieu leur épargne les situations où l'usage de la violence serait nécessaire ; elle est liée à une position de foi intérieure : « Je remettrais le fait de tirer entre les mains de Dieu ». Daniel Schott raconte que son père, jeune mennonite, avait très à cœur de ne pas être obligé de tuer pendant la guerre.

> Comme il était conducteur de char dans l'Armée française, il priait Dieu de l'empêcher d'être responsable de la mort de ses ennemis. Le matin même où sa compagnie devait aller au front, le commandant

[64] Déposition de Paul Pelsy, 1er novembre 1942, AD 57, 335 W 88 KLS 151/43.

vint lui dire : Schott ! Il y a un vélo pour toi ! Tu feras la liaison entre le front et le poste de commandement ! Quelle joie pour lui que cet exaucement aux prières ![65]

La prison et les intimidations nazies en firent douter quelques uns. Leurs déclarations datent du 23 février 1943, soit après quatre mois en prison. Heinz Will se conforma mais en conservant une partie de ses conceptions :

> À mon avis, un chrétien ne peut porter la croix gammée, car c'est la croix brisée et par là le signe de l'Antichrist. [...] Le jour où je serai soldat et que l'autorité me demandera de porter la croix gammée, je la porterai parce que cela m'est commandé. De même quand on me chargera de hisser le drapeau à croix gammée. Si je devais être appelé à l'armée, j'accomplirais mon devoir. J'affronterais l'ennemi, l'arme à la main, même les dimanches.[66]

La rétractation de Karl Weibel fut plus importante : il renia la majeure partie de ses « anciennes idées ». Girardin, enfin, se rétracta au sujet de l'armée, de l'uniforme, de la croix gammée, des

---

[65] Daniel Schott, Notice nécrologique de Benjamin Schott, Archives familiales.

[66] Déclaration de Heinz Will, 23 février 1943, AD 57, 335 W 88 KLS 151/43. Il la renouvellera le 4 mars 1943, sans la signer. Sa détention en prison ne dépassera pas les six mois.

devoirs envers l'État, qu'il finit par accepter. Mais ce fut sous la contrainte ; il déclare souffrir de calculs, et sa femme, ainsi que ses deux enfants et son beau-père, ont été « déplacés » en camp de travail forcé pour le faire plier.

Les peines

Dans la résistance du « milieu Krémer », trois cercles apparaissent alors en fonction des conséquences des prises de position. Le premier est celui des « inquiétés » : ceux qui ont été interrogés et perquisitionnés, perçus par la Gestapo comme les victimes d'une mauvaise influence. Le second est celui de ceux qui se dérobent devant des conséquences plus graves après avoir vécu entre quatre et six mois de prison. Le dernier comprend les « têtes », Krémer et Frommer, ainsi que les personnes qui refusent tout compromis. Les rétractations de Weibel, Will, Girardin, aboutiront à un abandon des poursuites. Paul Pelsy se conformera à l'interdiction de prêcher qui lui est faite. Erna Sutter est jugée pénalement « irresponsable » et ne doit pas répondre des faits dont on l'accuse, après avoir été placée en observation à l'Asile psychiatrique de Lorquin du 30 janvier à la fin mars 1943.

Krémer et Frommer sont quant à eux cités à comparaître publiquement devant le Sondergericht de Metz ; la date est fixée au 15 octobre 1943. Chacun est accusé de « sédition portant atteinte à la force militaire » et placé en détention préventive pour

> … avoir troublé en 1942 ses adeptes dans l'Assemblée mennonite de Sarrebourg et les environs par ses prédications et semé insidieusement le trouble dans leur esprit en prenant position contre les symboles nationaux, les institutions de la NSDAP et celles de l'État. Ils sont suspectés de ce délit et il y a urgence car ils utiliseront aussitôt leur liberté pour contrevenir aux lois.[67]

Le procès est annoncé dans les journaux, ce qui laisse penser que les nazis veulent faire un exemple. Pour les actions de propagande antiallemande, les propos démoralisants, les peines en Lorraine sont, pour les deux tiers, inférieures à un an de prison[68]. Le jugement surprend néanmoins, qui les déclare irresponsables : « Les deux prévenus sont acquit-

---

[67] Mandat d'arrêt, Sarreguemines, le 13 novembre 1942. AD 57, 335 W 88 KLS 151/43.

[68] Mais elles peuvent conduire à la déportation si la Gestapo juge les peines trop légères. Marcel Neigert, « La répression allemande en Moselle (1940-1945) », *Revue d'histoire de la Deuxième Guerre mondiale*, 27e année, No 105, La Lorraine pendant la Guerre (Janvier 1977), p. 79-100.

tés, blanchis de cette accusation de sédition. Les deux prévenus doivent être placés dans un hôpital psychiatrique. »[69]

L'expertise du médecin assermenté paraît avoir déterminé un tribunal indécis. Ce médecin, qui, d'après les souvenirs d'Émile Krémer est une connaissance[70], joue la carte du fanatisme et de la fragilité nerveuse. Dans le cas de Frommer, il n'a aucun mal à convaincre ; ce dernier a fait un premier séjour en psychiatrie en 1917, après un « accès de rage », et, en 1941, il a été interné à nouveau par mesure de sécurité à l'hôpital de Friedrichsberg (Hambourg). Dans le cas de Krémer, le médecin parle d'une « pathologie », de « fragilité nerveuse » et de « mode de pensée aberrant ».[71] Krémer a en effet accordé du crédit à des personnes malades mentales, à leurs prophéties et à « l'astrologie » (!). Il est donc reconnu en incapacité mentale d'évaluer ce qui est illicite dans son activité, et d'agir en conséquence[72].

---

[69] Jugement (*Urteil*). LSK Ls 151/43.

[70] Émile Krémer, *ibid.*, p. 36-37.

[71] « Auch den Angeklagten Krémer hält der Sachverständige für einen pathologisch erkrankten, nervenschwachen und neurasthenischen Psychopathen mit einer Abwegigen grenzenden Denkweise. »

[72] « Krémer [...] war unfähig, das Unerlaubte seiner Tätigkeit

Après avoir passé près d'un an dans les prisons de Colmar, Sarrebourg, Sarreguemines et Metz, il est interné à l'hôpital psychiatrique de Lorquin pour préserver la population et surtout les Assemblées mennonites de « ses prédications qui sèment le trouble ». Il s'en évadera en 1944. La trace de Charles Frommer, en revanche, se perd en Allemagne. Personne, malgré nos questions et nos recherches, n'a pu nous fournir d'indice pour savoir ce qu'il était devenu. Plus étrange encore : Krémer n'en fait aucune mention dans son récit, comme si Frommer avait été volontairement oublié.

Autres emprisonnements et déportations

Marcel Saltzmann, directeur d'une entreprise de transports à Mulhouse, refuse la proposition d'intégrer le *NSDAP* et le salut nazi dans les administrations. Il est déporté avec sa femme vers la fin 1942. La situation de l'Allemagne évoluant considérablement au cours des années qui suivent, il est utilisé comme prisonnier dans le civil. Il travaille d'abord à Ulm dans un garage ; puis il est

einzusehen oder nach dieser Einsicht zu handeln mit einer abwegigen Denkweise. »

l'homme à tout faire du sanatorium de Königsfeld, en Forêt-Noire. Il refusera, lors de l'arrivée des alliés, de désigner certains nazis qui doivent être fusillés.

Benjamin Schott, dont nous avons déjà parlé intègre la Wehrmacht mais refuse le salut nazi et le serment de fidélité. Il est emprisonné en Allemagne pendant une durée inconnue. Enfin, Élise, la femme de Louis Girardin, est elle aussi transplantée dans un camp de travail forcé, très probablement au château d'Osterstein (Zwickau), avec ses deux enfants et son père, David Zehr[73]. Leur détention dure six mois, et paraît prendre fin au moment de la rétractation de Louis Girardin.

La déportation de Jean-Paul Krémer

Le fils d'Émile Krémer, Jean-Paul, est celui qui a payé le plus lourd tribut. Lycéen, il ne fait pas le salut nazi, ne chante pas les hymnes nationaux et ne rejoint pas les Jeunesses hitlériennes. Dé-

[73] Les nazis ont probablement usé de la *Sippenhaft*, mesure de « responsabilité familiale ». C'est une arme de répression qui consiste à rendre tous les membres de la famille ou du « clan » responsables, sur leurs biens, leur liberté ou leur vie, des actions illégales commises par un seul.

noncé, il est renvoyé du Lycée Matthias Grünewald. Début août 1942, il est convoqué par le *RAD* puis mis dans une section disciplinaire (*Abteilung* 4/276, *Truppe* 12). Le 25 août 1942 est décrétée l'incorporation de force des Alsaciens dans la Wehrmacht. Le 29 août, Jean-Paul Krémer est convoqué pour prêter serment publiquement (*Vereidigung*), avec sa section, devant les officiers. Il refuse ; on le sort du rang ; l'engrenage tragique est enclenché, celui des pressions, des mauvais traitements, des tortures.

Le 1er septembre, Jean-Paul Krémer est condamné à cinq jours d'arrêt sévère (*Verschärfter Arrest*)[74]. Comme il persiste, la durée de ce traitement passe à dix jours, puis à quarante, au *Bunker*, décrétés par Berlin. Pour cela, il est démobilisé au siège de la Gestapo à Freiburg, 33 Goethestraße. Là, il est régulièrement interrogé et torturé. Maintenu dans sa résolution par des passages bibliques, son ordre de détention (*Schutzhaftbefehl*) du 21 novembre, indique qu'il refuse de prêter serment « en raison de son fanatisme religieux »[75].

---

[74] Selon cette procédure, le prisonnier passe d'abord cinq jours d'isolement en cellule, avec un morceau de pain et un broc d'eau par jour (une assiette chaque quatrième jour), avec ordre de rester debout.

[75] Archives des victimes des conflits contemporains du Service

Après plusieurs jours de voyage en wagon où l'on tente de le faire périr, par le froid et les privations, il arrive au camp de Natzweiler, situé au Struthof en Alsace annexée, le 2 décembre. Ouvert par les nazis le 1er mai 1941, le KL-Natzweiler est un camp de catégorie III, soit l'un des plus sévères du système. D'abord dédié à l'exploitation d'une carrière de granit, il servira rapidement à l'économie de guerre allemande, développant une nébuleuse de « camps-satellites » des deux côtés du Rhin. On en connaît les conditions de détention terrifiantes. Le « Struthof » a été le lieu d'internement de 52 000 détenus ; 22 000 y sont morts, décimés par les travaux forcés, le climat, les expériences scientifiques, les marches de la mort... Plus de la moitié des décès (54,3%) survinrent avant trois mois, et 81,6% lors des six premiers mois[76]. Jean-Paul Krémer (matricule 1 670) survit placé à l'*Effektenkammer*[77], un *kommando* moins extrême que celui de la carrière.

Le 8 mars 1943, il est transféré vers Buchenwald (matricule 10 564). Là encore il survit dans la ter-

---

historique de la Défense, GR 16P/323541 (Caen).

[76] Robert Steegman, *Le camp de Natzweiler-Struthof*, Paris, Seuil, « L'univers historique », 2009, p. 307-308.

[77] Lieu où sont consignés les effets des prisonniers.

reur quotidienne, malgré une position désavantageuse : jeune réfractaire à la Wehrmacht et considéré comme allemand[78], isolé, n'appartenant pas à la faction communiste qui domine le camp lors de son arrivée, il est une victime désignée à la vindicte des SS.

Buchenwald ne ressemble à aucun autre camp. Les chances de survie sont en fonction d'une multitude de paramètres : la partie du camp dans laquelle on est, l'année durant laquelle on arrive, les relations, le *kommando* d'affectation... Meyer Levin a découvert deux Buchenwald : l'un ou la vie est possible : « Chacun a une place pour dormir, parfois même sa propre couverture, et une place à table pour manger. Ses détenus conservent un aspect humain[79] ». C'est dans cette partie que se trouve Jean-Paul Krémer. L'autre, celui que l'on connaît par les photos, est le second Buchenwald, le « petit camp » « où arrivaient les convois d'Auschwitz, celui d'où l'on partait pour les travaux mortels, lui-même un lieu d'agonie et de mort »[80] et où se trouve le « bloc des invalides ». C'est un enfer.

---

[78] Son triangle rouge n'a pas la lettre « F » des Français.

[79] Meyer Levin, *In search*, Londres, Constellation Books, 1951, p. 239 cité dans Annette Wieviorka, *1945, La découverte*, Paris, Seuil, 2015, p. 114.

[80] Annette Wieviorka, 1945, *La découverte*, Paris, Seuil, 2015, p. 144.

L'organisation de Buchenwald présente aussi une spécificité qui sera favorable à Krémer. En effet, après de nombreuses et dangereuses luttes souterraines contre les «verts» (prisonniers criminels), les communistes allemands ont pris la direction de la quasi-totalité de l'administration interne. Cela veut dire, entre autres, qu'ils se chargent de la répartition du travail. Cette résistance clandestine des «politiques» crée un «mur invisible» entre la masse et les SS, difficile à tenir mais efficace : elle améliorera et sauvera la vie d'un nombre certain de détenus[81]. Alors qu'il travaille au *kommando* «serrurerie» (*Schlosserei*), Jean-Paul Krémer est pris en grippe par le SS responsable de l'atelier : après sa journée de travail et l'appel interminable du soir, il est convoqué pour creuser seul une tranchée jusqu'à deux heures du matin pendant une semaine. Son *Vorarbeiter*[82], un Allemand communiste, se rend compte qu'il va y laisser la vie ; il s'arrange pour le transférer au *kommando* de cordonnerie. Le camp étant suffisamment grand pour passer inaperçu, Jean-Paul Krémer réchappe de peu. À la cordonnerie, grâce à une astuce lors du compte des chaussures, il par-

[81] Olivier Lalieu, *La Résistance française à Buchenwald*, Paris, Tallandier, «Texto», 2012.

[82] Chef d'équipe.

viendra à faire sortir des dizaines de paires pour des prisonniers qui en sont privés.

Il vit ainsi, pendant plus de deux ans, « l'arrestation et le séjour en prison, [...], le "grand voyage" entassés dans les wagons à bestiaux, la faim, la soif qui parfois rend fou, le choc de l'arrivée, l'interrogatoire, la douche, le rasage de tout le corps, les hardes, le costume rayé ou zébré, la quarantaine, le dépouillement de tout, jusqu'au nom remplacé par un numéro, le triangle de couleur rouge des prisonniers politiques (...), la faim, le manque d'hygiène, l'infernale promiscuité, les toilettes, le rougeoiement du crématoire, (...) le chef de bloc, le *kapo*, les châlits, les fils barbelés et ceux qui s'y sont jetés, la dysenterie, les poux et le typhus, la marche, les appels sans fin où les détenus sont comptés et recomptés, les coups, etc. »[83]. L'arbitraire et l'angoisse absolus de l'univers concentrationnaire.

Il n'était pas possible, pour la majorité des hommes, de résister sans dommages psychologiques à tous les procédés destinés à briser le caractère et humilier l'homme. Sa foi, qui l'avait mené là, participa à maintenir Krémer en vie. Jusqu'à la libération de Buchenwald par l'armée

[83] *Ibid.*, p. 107.

américaine, le 11 avril 1945, il « expérimenta la réalité de Jésus-Christ d'une manière tout à fait tangible[84] ».

Conclusion

À l'heure où l'historiographie mennonite se confronte aux diverses collaborations de cette communauté avec le nazisme, la « résistance Krémer » livre le récit insoupçonné d'une opposition spirituelle, radicale et non-violente à Hitler. Même si la mémoire n'en a pas fait grand cas, leur résistance témoigne d'une persistance de la non-conformité au monde au sein des Églises mennonites, mais en tension avec elles, et en rupture avec la prudence d'une majorité.

Nous avons cherché à montrer que cette « conscience chrétienne » s'est maintenue selon des modalités spécifiques (philosémitisme, non-violence, prophétisme, martyre), qui s'enracinent dans le biblicisme de Krémer et Frommer. Ainsi, sans le formuler, sans peut-être en

---

[84] Jean-Paul Krémer, *La protection de Dieu - Expériences derrière les barbelés* (Témoignage transcrit d'une réunion donnée à Châteauroux en septembre 1985), Évangile pour Tous, Tours, date inconnue.

avoir conscience, le « milieu Krémer » se conformait, dans l'esprit, à la tradition martyrologique de l'anabaptisme.

Comme l'écrit Jacques Semelin dans *Sans armes faces à Hitler*, « la résistance obéit à la logique du sacrifice[85] ». Dans un système totalitaire où l'État a le pouvoir d'imposer sa loi aux consciences, le discernement de l'enjeu spirituel que représentait le nazisme impliquait un prix à payer. La non-participation aux structures politiques, à la gestuelle et à la symbolique nazies signifiait l'assurance de la persécution.

Bien qu'elle ait suscité hésitations et rétractations, la persécution a laissé des traces : grâce à leur zèle confessant au cours des interrogatoires, leur action a pu être mise en lumière au-delà des silences de la mémoire.

[85] Jacques Sémelin, *Sans armes face à Hitler, La résistance civile en Europe 1939-1945*, Paris, Les Arènes, 2013, p. 242.

Bibliographie

NAZISME ET CAMPS DE CONCENTRATION :

BURIN Philippe, *Hitler et les Juifs*, Paris, Seuil, « Points Histoire », 1989.

Collectif, *Le camp de concentration du Struthof*, t. III, « Témoignages », coll. « Documents », Essor, 1998.

KERSHAW Ian, *La fin, Allemagne 1944-1945*, Paris, Seuil, « Points Histoire », 2012.

KLEMPERER Victor, *LTI*, *La langue du IIIe Reich*, Paris, Albin Michel, 1996.

KOGON Eugen, *L'État SS, Le système des camps de concentration allemands*, Paris, Seuil, « Points histoire », 1947.

Konzentrationslager Buchenwald, 1937-1945. Begleitband zur ständigen historischen Ausstellung, herausgegeben von der Gedenkstätte Buchenwald, erstellt von Harry Stein, Göttingen, Wallstein-verlag, 1999.

LALIEU Olivier, *La Résistance française à Buchenwald*, Paris, Tallandier, « Texto », 2012.

ORLOWSKI Dominique (dir.), *Buchenwald par ses té-*

moins, Histoire et dictionnaire du camp et de ses kommandos, Paris, Belin, 2014.

ROUSSET David, *L'univers concentrationnaire*, Paris, Fayard, « Pluriel », 2011.

STEEGMAN Robert, *Le camp de Natzweiler-Struthof*, Paris, Seuil, « L'Univers historique », 2009.

WACHSMANN Nikolaus, *KL, Une histoire des camps de concentration nazis*, Paris, Gallimard, « Nrf Essais », 2017.

WIEVIORKA Annette, *1945, La découverte*, Paris, Seuil, 2015.

PROTESTANTS, MENNONITES, ET RÉSISTANCE SPIRITUELLE AU NAZISME :

BLOUGH Neal, *Mennonites d'hier et d'aujourd'hui*, Montbéliard, Éditions mennonites, 2009.

BONIFAS Aimé, « Les déportés » *in Les protestants français pendant la seconde guerre mondiale*, Actes du colloque de Paris, 19-21 novembre 1992, réunis par André Encrevé et Jacques Poujol, Supplément au *Bulletin de la Société de l'Histoire du Protestantisme Français*, 1994/3, Genève, Droz.

CABANEL Patrick, *De la paix aux résistances*, *Les protestants en France 1930-1945*, Paris, Fayard, « Histoire », 2015.

CABANEL Patrick, *Juifs et protestants en France, les affinités électives, XVIe-XXe siècle*, Paris, Fayard, « Les Dieux dans la Cité », 2004.

CABANEL Patrick, *Résister, voix protestantes*, Nîmes, Alcide, 2012.

Collectif, *Foi et tradition à l'épreuve*, *Histoire générale des mennonites dans le monde*, vol. « Europe », Charols, Excelsis, « Perspectives anabaptistes », 2012.

GOOSSEN Benjamin W., *Chosen Nation, Mennonites and Germany in global era*, Princeton (New Jersey), Princeton University Press, 2017.

HAUPTMANN Georges et BRAUNSCHWEIG Maryvonne, *Adélaïde Hautval dite « Haïdi », 1906-1988*, Cercle d'Étude de la Déportation et de la *Shoah* – Amicale d'Auschwitz, Petit Cahier / 2e série, n°25, décembre 2016.

KOCH Gustave, « Une coutume de Noël d'une famille mennonite de la vallée de la Bruche, Le *Psalmenstechen* », *in Les Anabaptistes Mennonites d'Alsace, Destin d'une minorité*, Saisons d'Alsace n°76, Librairie Istra, 1981.

MERLIO Gilbert, *Les résistances allemandes à Hitler*, Paris, Tallandier, 2003.

POUJOL Jacques, *Protestants dans la France en guerre*

1939-1945, Dictionnaire thématique et biographique, Éditions de Paris – Max Chaleil, 2000.

SÉGUY Jean, *Les assemblées anabaptistes-mennonites en France*, Paris-La Haye, Mouton, 1977.

TÉMOIGNAGES ET TÉMOINS :

ARENDT Hannah, *Eichmann à Jérusalem*, Paris, Gallimard, « Folio histoire », 1991.

BÉNÉ Charles, *Du Struthof à la France libre*, Fetzer, 1968.

BONIFAS Aimé, *Détenu 20 801 dans les bagnes nazis*, Nîmes, FNDIRP-AFMD30, 2016.

HAUTVAL Adélaïde, *Rester humain ! Leçons d'Auschwitz et de Ravensbrück*, Ampelos, 2018.

KRÉMER Émile, *Tout est possible à Dieu*, Tours, Évangile pour Tous, date inconnue.

LEVI Primo, *Si c'est un homme*, Paris, Pocket, 1988.

SEMPRUN George, *L'Écriture ou la vie*, Paris, Gallimard, « Folio », 1996.

WIESEL Elie, *La nuit*, Paris, Les éditions de Minuit, 1995.

WIEVIORKA Annette, *L'ère du témoin*, Paris, Fayard, « Pluriel », 2013.

Lexique et Abréviations

Abteilung zur Baustelle : Division du chantier
Arbeitsamt : Office du travail
Arbeitsscheu : Détenu « asocial », « paresseux »
Arbeitsstatistik : Bureau des statistiques du travail
Auf! : Debout !
(Der) Auferstandene : Le ressuscité
Block : Baraquement du camp où les détenus sont entassés pour passer la nuit
Blockältester : Détenu responsable d'un Block
Blockführer : Gradé SS à qui les doyens des Blocks doivent rendre compte
Bunker : Prison d'un camp comprenant des cachots et des chambres de torture
BV (Berufsverbrecher) : Criminel de droit commun, détenu portant le triangle vert
DAW (Deutsche Ausrüstungswerke) : Entreprises allemandes d'équipement
DEST (Deutsche Erd- und Steinwerke GmbH) : Entreprise des terres et pierres allemande, société à responsabilité limitée fondée le 29 avril 1938 par les SS, qui font appel à la main d'œuvre concentrationnaire

Deutschland über alles : Hymne national allemand jusqu'en 1945

Effektenkammer : Block utilisé pour la réserve des vêtements et des effets personnels des détenus

Entlassen : Libéré, démobilisé

Folterkammer : Chambre de torture

Franzosenkopf! : Tête de Français ! (équivalent germanique des termes péjoratifs « boche, chleu et Fritz » utilisés en France pour désigner un Allemand)

Fußlappen : Carré de toile entourant le pied pour éviter les ampoules

Gauleiter : Gouverneur de district politique du parti nazi jusqu'en 1933 puis représentant de l'État nazi placé à la tête d'une province (Gau)

Gestapo (acronyme de *Geheime Staatspolizei*) : « Police secrète d'État », la police politique du Troisième Reich, créée par Goering en 1933 puis dirigée par Himmler à partir de 1934

Groß-Deutschland ou Großdeutches Reich : Le Troisième *Reich* (1933-1946) est désigné officiellement Reich grand-allemand en 1943

Häftling : Détenu

Hauptamt : Office central

Herrenvolk : Peuple des seigneurs, race supérieure, race élue

Hinlegen! : À plat ventre !

HJ (Hitlerjugend) : Jeunesses hitlériennes. Organisation paramilitaire du Parti nazi fondée le 4 juillet 1926, dirigée par Baldur von Schirach (1931-1940) puis Arthur Axmann (1940-1945). L'adhésion est imposée à partir du premier décembre 1936 (*Gesetz über die HJ*). Elle est obligatoire après la loi du 25 mars 1939 (*Jugenddienstpflicht*), tous ceux qui s'y opposent s'exposent à des poursuites pénales. La *HJ* compte jusqu'à 12 millions de membres (de 10 à 18 ans).
Holzschuhmacherei : Atelier de sabots
Horst Wessel Lied : Chant de Horst Wessel, du nom d'un jeune militant nazi (1907-1930), assassiné par un communiste. Son poème *Die Fahne hoch!*, (*Le drapeau haut !*), sera mis en musique sur l'air d'un ancien chant populaire de marins et deviendra l'hymne officiel du régime nazi.
Jedem das Seine : « Chacun reçoit ce qu'il mérite » (sous-entendu la misère, la mort). Slogan placé au-dessus de la grille d'entrée principale de Buchenwald. La traduction allemande détourne le sens premier de la phrase latine « Suum cuique », qui se traduit littéralement « À chacun le sien ».
Jugenddienstpflicht : Service obligatoire de la Jeunesse. L'embrigadement des jeunes est ordonné le 25 mars 1939, même contre l'avis des parents (cf. *HJ*).

Kaffeeersatz : Succédané de café
Kapo (acronyme de *Kamerad Polizei*) : Camarade policier. Chef d'un *Kommando* de travail à l'extérieur puis à l'intérieur du camp. Au début détenu généralement de droit commun et souvent cruel ; par la suite, à Buchenwald, les communistes s'efforceront de tenir ce rôle.
« *Kartoffelkeller* » : « Cave à pommes de terre » ; probablement un abri anti-aérien pour les SS, mais ne fut jamais utilisé, en raison de l'avancée rapide des Alliés.
Kommando : Détachement de déportés envoyés à l'extérieur d'un camp de concentration. Par extension, désigne le lieu de travail d'une équipe de déportés (aussi à l'intérieur du camp).
KL (Konzentrationslager) : Camp de concentration
Kugel-Erlass : « Ordonnance du boulet » édictée secrètement, le 2 mars 1944. Elle condamne les officiers et sous-officiers, évadés et repris, à être pendus ou exécutés au camp de concentration de Mauthausen. Au mépris de la troisième Convention de Genève relative au traitement des prisonniers de guerre, 27 juillet 1929.
Lager : Camp
Lagerälteste : Doyen du camp dans la hiérarchie des détenus
Lagerkommandant : Commandant de camp

Lagerschreiber : Détenu responsable du secrétariat
Lagerschutz : Service d'ordre interne du camp constitué de prisonniers désignés
Mein Kampf : Mon combat, ouvrage rédigé par Hitler durant son emprisonnement en 1923 et publié en 1925. Il y expose ses idées antisémites, nationalistes et pangermanistes.
Mützen ab! Mützen auf! : Enlevez vos calots ! Remettez vos calots !
NN (abréviation de *Nacht und Nebel*) : Détenus totalement coupés du monde extérieur et désignés *NN* « Nuit et brouillard ». Le Maréchal Keitel promulgue ce décret, le 7 décembre 1941, il vise les résistants vivant dans les territoires occupés par l'Allemagne nazie (France, Belgique Pays-Bas, Norvège, etc.). Leurs proches sont laissés dans le brouillard le plus total quant à leur sort dans un but d'intimidation et de terreur.
NSDAP (Nationalsozialistische Deutsche Arbeiterpartei) : Parti national-socialiste des travailleurs allemands, par abréviation Parti nazi. Fondé le 24 février 1920 à Munich, il arrive au pouvoir le 30 janvier 1933 avec la nomination de son chef, Adolph Hitler, au poste de chancelier du Reich.
Oberscharführer : Grade de la SS
Oberschule : Lycée
Passamt : Bureau des passeports

Politische Abteilung : Section politique de la Gestapo présente dans chaque camp de concentration
Polizeipräsidium (PP) : Quartier général de la police
Puff : Bordel
Prügelblock : Table de torture, chevalet de bastonnade ou de flagellation
RAD (Reichsarbeitsdienst) : Service du Travail Obligatoire du Reich créé en 1935 pour embrigader la jeunesse allemande, obligée d'effectuer un service de travail de six mois précédant le service militaire. À ne pas confondre avec le S.T.O. français.
Rapportführer : Sous-officier ou officier SS chargé des effectifs
Raus! : Dehors !
Reichsuniversität Straßburg : Université du Reich de Strasbourg, université d'occupation créée en 1941 et gérée par le parti nazi
Reithalle : Manège à chevaux
Rennen! : Courir !
Revier : Infirmerie du camp
Rottenführer : Grade créé en 1932 dans la *Schutzstaffel (SS)*, sorte de « chef d'équipe » ; mais il n'est pas considéré comme un sous-officier.
RSHA (Reichssicherheitshauptamt) : Office central de la sécurité du Reich, créé le 27 septembre 1939, dirigé par Heydrich (1939-1942), par Himmler (1942 par intérim) puis par Kaltenbrun-

ner (1943-1945). Il inclut la *SD* (Service de renseignement du Reich) et la Gestapo.
SAW (Sonderabteilung Wehrmacht) : Service spécial de la Wehrmacht qui s'occupe des détenus réfractaires de la Wehrmacht
Schlosserei : Serrurerie du camp
Schnell! : Vite !
Schneiderei : Atelier de couture
Schreiber : Détenu employé aux écritures
Schreibstube : Secrétariat du camp
Schutzhaftbefehl : Ordre de détention préventive
Schutzhaftlagerführer : Chef du camp de détention, suppléant et premier adjoint du commandant du camp
Schutzhäftling : Détenu politique
Schutzstaffel : Organisation paramilitaire et policière nazie plus communément désignée par son sigle SS
SD (abréviation de *Sicherheitsdienst*) : Office central de sécurité du Reich, créé par la SS en 1931
Sondergericht : Tribunaux d'exception créés en 1933 et destinés aux opposants politiques
SS Rechtssabteilung : Division juridique des services administratifs de la *SS*
SS (abréviation de l'allemand *Schutzstaffel*) : Escadrons de protection fondés le 4 avril 1925. À l'origine, garde rapprochée de Hitler, puis organi-

sation nazie de répression la plus meurtrière sous Himmler (1929-1945), cf. la *Waffen*-SS
Stillgestanden! : Garde-à-vous !
S.T.O. : Service du Travail Obligatoire institué par le gouvernement de Vichy à la demande des autorités allemandes (1942-1945) et qui oblige les Français à travailler en Allemagne
Stubendienst : Responsable de l'ordre dans la chambrée d'un Block, adjoint du chef de Block
Stück : « Morceaux », terme péjoratif employé par les SS pour compter les détenus lors des appels
Tor : Porte du camp
Umschulung : Rééducation politique
Vereidigung : Prestation de serment
Verschärfter Arrest : Arrêt sévère
Versetzung : Transfert, déplacement, mutation
Vorarbeiter : Contremaître, chef d'équipe
Waffen-SS : Branche militaire de la *Schutzstaffel* (SS) créée en 1939, d'abord composée exclusivement d'Allemands. À partir de la guerre, elle s'ouvre aux étrangers.
Waschraum : Salle d'eau
Wehrmacht : Armée allemande
WVHA (Wirtschaftsverwaltungshauptamt) : Office central de l'Administration économique de la SS chargé, le 1er février 1942, de la gestion des

finances, de l'intendance et des opérations commerciales de la SS

Imprimé en France par CPI
en septembre 2020

N° d'impression : 160018

Pour aller plus loin ...

Fin 2015, à l'occasion de la remise du manuscrit, Jean-Paul Krémer nous a livré son témoignage en vidéo. Vous pouvez le retrouver via le lien ci-dessous :

https://calvineditions.fr/livre/1

Scan me